Le permis à points

Jean-Paul Céré

LE PERMIS À POINTS

6e édition

L'Harmattan

Du même auteur

Le rôle de l'assesseur citoyen devant la commission de discipline en prison (dir.), avec M. Giacopelli, L'harmattan, 2024

Dix ans d'application de la loi pénitentiaire (dir.), avec L. Grégoire, L'Harmattan, 2021

Les criminels dangereux (dir.), avec P. Stepniak, L'harmattan, 2020

Droit disciplinaire en prison, L'harmattan, 2e éd. 2020

Corruption et droit pénal (dir.), avec C.E. Japiassú, L'harmattan, 2019

Le droit à la santé et la prison. Quelle protection, quels enjeux ? (dir.), L'harmattan, 2017

Les systèmes pénitentiaires dans le monde (dir.), 3e éd. avec C.E. Japiassú), Dalloz, 2017

La prison, 2e éd. Dalloz, 2016

Droit pénal et nouvelles technologies (dir.), avec J.M Rascagnère et E. Vergès, L'harmattan, 2015

Procédures pénales d'exception et droits de l'homme (dir.), L'harmattan, 2011

Le droit de la copropriété, avec F. Cohet-Cordey, L'harmattan, 2006

Les PV de stationnement, L'harmattan, 2003

Panorama européen de la prison (dir.), L'Harmattan, 2002

Le contentieux disciplinaire dans les prisons françaises et le droit européen, L'harmattan, 1999

5-7, rue de l'École-Polytechnique – 75005 Paris
www.editions-harmattan.fr
ISBN : 978-2-336-53404-6
EAN : 9782336534046

Principales abréviations

AJDA	Actualité juridique de droit administratif
AJ Pénal	Actualité juridique Pénal
Art	Article
CA	Cour d'appel
CAA	Cour administrative d'appel
Cass. crim	Cour de cassation, chambre criminelle
Circ	Circulaire
Comm	Commentaire
Cons. d'Et	Conseil d'Etat
CEDH	Cour européenne des droits de l'homme
C. pén	Code pénal
C. pr. pén	Code de procédure pénale
C. route	Code de la route
D	Recueil Dalloz
Dr. pén	Revue Droit pénal
Gaz. Pal	Gazette du Palais
Infra	Ci-dessous
JO	Journal Officiel
JCP	Jurisclasseur, La semaine juridique
Jurisp. Auto	La jurisprudence automobile
Préc	Précité
Rev. sc. crim	Revue de science criminelle et de droit pénal comparé
RFD adm	Revue française de droit administratif
Supra	Ci-dessus
T. Pol	Tribunal de Police
V	Voir

Introduction

Le permis de conduire est une institution bien ancienne. Un décret du Préfet de police de Paris du 10 mars 1899 réglementait la circulation des véhicules à moteur mécanique. C'est un peu plus tard, avec un décret du 27 mai 1921 que le permis de conduire a acquis son appellation actuelle. Bien évidemment, depuis cette date, de nombreuses réformes ont touché le permis de conduire. La plus importante est sans conteste celle qui l'a affublé d'un nombre de points.

L'histoire du permis à points démarre en 1989. Mais ce n'est que le 1er juillet 1992 que celui-ci entre effectivement en vigueur, au début de l'été, propice, comme chacun le sait, aux grandes migrations des vacanciers sur la route. L'introduction du système du permis à points dans l'arsenal répressif français a soulevé très rapidement une controverse. Non pas que sa philosophie ait été farouchement contestée. D'autres pays européens connaissaient déjà un permis peau de chagrin. C'était le cas du Royaume-Uni, de l'Allemagne et de la Grèce notamment. Le permis à points, quels que soient ses provenances et ses visages, participe à la lutte contre l'insécurité routière. C'est sur le terrain de sa légalité même que se sont orientés les censeurs.

L'article 21 de la loi n° 89-469 du 10 juillet 1989 relative à diverses dispositions en matière de sécurité routière et en matière de contraventions qui a institué le permis à points prévoyait que celui-ci entrerait « en vigueur à une date qui sera fixée par décret en conseil d'Etat et ne pourra être postérieure au 1er janvier 1992 ». En dépit de cette date butoir, et en l'absence d'une nouvelle loi prorogeant ce délai, deux décrets du 25 et du 29 juin 1992 fixèrent l'entrée en vigueur du permis à points au 1er juillet 1992.

De nombreux recours ont été intentés en vue de faire constater l'illégalité du permis à points, au motif que la loi fixait un délai au terme duquel le Gouvernement ne pouvait plus prendre de texte d'application et, dès lors, envisager la mise en place effective du système. Sensibles à cet état de fait, nombre de juges du fond n'ont pas hésité à déclarer le permis à points illégal (par ex. ▪ *T. Pol. Tarbes, 17 février 1993, Gaz. Pal. 1993.I. somm. 174, note M. Couzinet* ▪ *T. Pol. Privas, 8 nov. 1994, Dr. pénal 1995, n° 10, note J.H. Robert* ▪ *T. Pol. Toulouse, 4 avr. 1995, Gaz. Pal. 24 août 1995)*. Néanmoins, les juridictions suprêmes n'ont guère laissé les espoirs des automobilistes prospérer. La Cour de cassation s'est refusée à examiner la question de l'illégalité du permis à points (▪ *Cass. crim. 6 juill. 1993, Dr. pénal 1993, n° 259, note J.H. Robert ; Rev. sc. crim. 1994, p. 118, note J.P. Delmas Saint-Hilaire ; D. 1994, p. 33, note P. Couvrat et M. Massé* ▪ *Cass. crim. 11 juill. 1994, Bull. crim. n° 271)*. Le Conseil d'Etat s'est prononcé sans ambages en faveur de la validité du décret du 25 juin 1992. Pour cette dernière juridiction, en fixant une échéance, le législateur n'avait « pas entendu décider que la loi ne serait pas appliquée, au cas où le gouvernement ne prendrait pas, dans le délai prévu, le décret » (▪ *Cons. d'Et. 23 oct. 1992, 2 arrêts, D. 1992, p. 511, concl. H. Légal ; AJDA 1992, p. 785, chron. C. Maugué et R. Schwartz ; Petites affiches 4 nov. 1992, n° 133, note J. Massot)*. Cette dernière jurisprudence a finalement avalisé le permis à points et la question de sa légalité n'occupe plus l'actualité aujourd'hui.

D'autres textes viennent compléter l'architecture du permis à points. La loi n° 90-1131 du 19 décembre 1990 organise la gestion du système en prévoyant la tenue d'un fichier informatisé recensant toutes les informations relatives au permis de conduire, sous l'autorité et le contrôle du ministre de l'Intérieur (art. L. 225-1 et R. 225-1 et s. C. route). Le décret n° 92-1228 du 23 novembre 1992 porte le capital du permis de conduire à douze points. L'entrée en vigueur d'un nouveau Code de la route au 1er juin 2001, en vertu de deux ordonnances du 22 septembre 2000 et du 21 décembre 2000 et d'un décret du 22 mars 2001, amène une recodification intégrale du Code de la Route. Celle-ci ne remet pas toutefois en cause les principes généraux du dispositif du permis à points.

Le fonctionnement du permis à points est somme toute plutôt simple. A l'état initial, le permis est affecté de six points. A l'issue d'une période probatoire maximale de trois ans (V. *infra*), il atteint un maximum de douze points. Le nombre de points est réduit en fonction d'un barème fixé par le Code de la route, chaque fois que la réalité d'une infraction est établie. Seuls des délits et des contraventions peuvent entraîner un retrait de points. Quand le nombre de points est nul à la suite de la commission d'infractions, le permis de conduire perd sa validité. Les comportements les plus pénalisants aboutissent à la perte de six points au maximum. La commission d'au moins deux infractions est donc requise pour aboutir à l'extinction du permis, sauf pour les personnes qui viennent de l'obtenir.

Le dispositif du permis à points peut apparaître sévère car il implique à terme, pour certains conducteurs, la perte automatique du droit de conduire un véhicule. Pour autant, dès son apparition, le dispositif a été présenté comme porteur de vertus pédagogiques. Le permis à points a aussi pour fonction de responsabiliser les automobilistes en laissant planer la menace d'une sanction inéluctable (annulation du permis) en cas de récidive. La situation temporaire de la perte de points participe de cette logique. En effet, une possibilité de retrouver les points perdus existe, soit en suivant une formation spécifique soit en s'abstenant de commettre une infraction pendant une période déterminée.

Le permis à points est complémentaire d'autres formes de sanction des comportements déviants sur la route. Le dispositif ne s'est pas substitué aux textes législatifs ou réglementaires préexistants. Il s'y est agrégé. Ainsi le permis de conduire peut se trouver affecté par plusieurs mesures, dont certaines peuvent se cumuler. Le préfet dispose d'un pouvoir de suspension administrative. Les tribunaux judiciaires (Tribunal correctionnel, Tribunal de police) peuvent quant à eux ordonner une suspension judiciaire de dix ans au plus, voire une décision d'annulation du permis avec interdiction de solliciter la délivrance d'un nouveau permis avant l'expiration d'un délai pouvant courir pendant dix ans (par ex. art. L. 232-1 C. route ; art. 221-8 C. pén.). Un automobiliste peut, par exemple, subir une mesure de suspension administrative de son permis, puis par l'effet d'une condamnation judiciaire pour les mêmes faits, perdre plusieurs points.

Une quinzaine d'années après son entrée en vigueur, le dispositif du permis à points aurait pu dévoiler une certaine maturité. Il n'en fut rien. Une fois la polémique sur sa légalité éteinte, la jurisprudence a eu à répondre sur sa nature juridique véritable et sur les conséquences de l'automaticité du retrait de points. Une nouvelle loi du 12 juin 2003, largement médiatisée, a réformé une nouvelle fois le permis de conduire. Le permis à points a fait l'objet de plusieurs retouches censées dynamiser son efficacité, tandis que les mesures de suspension et d'annulation judiciaire du permis ont été renforcées, notamment en limitant sérieusement les possibilités d'obtenir un aménagement de la suspension permettant à l'automobiliste de continuer à utiliser son véhicule pour les besoins de son activité professionnelle.

Par ailleurs, pour les nouveaux titulaires du permis de conduire, celui-ci est devenu probatoire à compter du 1er mars 2004. Ils possèdent pendant trois ans la moitié du nombre de points, à savoir six points au lieu de douze. Ce délai est réduit à deux ans pour les bénéficiaires de l'apprentissage anticipé de la conduite, couramment appelée conduite accompagnée. Des délais spécifiques existent aussi pour le titulaire d'un premier permis de conduire qui suit une formation complémentaire (art. L. 223-1 al. 2 C. route). Si durant le délai probatoire le nouveau conducteur ne commet pas d'infraction donnant lieu à retrait de points, son permis de conduire est crédité du nombre maximal de points (12 points). Le titulaire d'un permis probatoire dispose ainsi de 6 points à l'issue de l'obtention du permis ; de 8 points après un an de conduite sans commettre d'infractions (9 points en cas d'apprentissage anticipé de la conduite, de 10 points après deux ans (12 points en cas d'apprentissage anticipé de la conduite et de 12 points au terme des trois ans du délai probatoire (art. L. 223-1 et R. 223-1 C. route).

La réduction de la période probatoire est accessible également pour le titulaire d'un premier permis de conduire qui s'est soumis à une formation complémentaire (art. L. 223-1 al. 2 ; art. R. 223-1 et R. 223-4-1 C. route). Ceci ne concerne donc pas les personnes qui repassent le permis de conduire à l'issue d'une invalidation pour solde de points nul ou de l'annulation d'un précédent permis. Deux cas de figure doivent être distingués. Si le titulaire d'un premier permis n'a pas bénéficié de l'apprentissage anticipé de la conduite, la période probatoire est de deux ans (récupération de deux points au terme de la première année et de quatre après deux ans). Si le titulaire d'un premier permis a bénéficié de l'apprentissage anticipé de la conduite, la période probatoire requise de deux ans est réduite de six mois, soit dix-huit mois. Au terme de la première année le capital point sera majoré de trois points et de trois autres points six mois après (art. L. 223-1 et R. 223-1 C. route). Pour prétendre à la majoration de points, le titulaire d'un premier permis ne devra pas commettre d'infraction ayant donné lieu à retrait de points ou ayant entraîné une mesure de restriction ou de suspension du droit de conduire durant le délai probatoire.

Ce faisant, le titulaire d'un nouveau permis peut progressivement augmenter son capital. Mais, si durant la période probatoire, il commet une infraction passible d'un retrait de points ou -pour celui ayant suivi une formation complémentaire- ayant entraîné une mesure de restriction ou de suspension du droit de conduire, il devra attendre trois ans à compter de la date effective du dernier retrait de points pour posséder douze points sur son permis de conduire.

S'il commet des infractions entraînant retrait de points, c'est le nombre de points normalement prévu par le code de la route qui est retiré, sans distinguer entre les nouveaux titulaires d'un permis et les autres. C'est ainsi que la commission d'une seule infraction peut entraîner la perte définitive du permis de conduire (par ex. conduite sous l'empire d'un état alcoolique caractérisé par une concentration d'alcool dans le sang égale ou supérieure à 0,50 gramme par litre). Cette issue a été considérée comme proportionnée par le conseil d'État (▪ *Cons. d'Et. 16 déc. 2005, Jurisp. Auto 2006, p. 88).* En outre, lorsque le détenteur du permis probatoire commet une infraction entraînant trois points ou plus (sans atteindre six, auquel cas le permis perdrait sa validité), il est tenu de se soumettre à un stage de sensibilisation à la sécurité routière, dans un délai de quatre mois (art. R. 223-4 C. route). Le coût de ce stage est à sa charge. Il se substitue à l'amende sanctionnant l'infraction. Au terme du stage, l'intéressé récupèrera quatre points. Néanmoins, la récupération est limitée au « plafond affecté au permis de conduite de son titulaire ». Concrètement, il récupérera moins de quatre points dans l'hypothèse d'une infraction ayant entraîné une perte de trois points ou moins. De façon générale, en cas de commissions d'infractions lors du délai probatoire et d'attributions de points opérés du fait de l'exécution d'un stage de sensibilisation, cette attribution ne peut s'effectuer que dans la limite du solde maximal dont dispose le titulaire du permis probatoire. Il convient en effet de tenir compte du plafond dont le permis est affecté par l'effet des infractions commises (▪ *Cons. d'Et. 22 oct. 2024, n° 493783* ▪ *Cons. d'Et. 22 oc. 2024, n° 493770).*

On relèvera encore qu'aucune disposition ne prévoit de prorogation de ce délai quand l'intéressé commet avant sa date normale d'expiration une infraction ayant donné lieu à un retrait de points *(▪ Cons. d'Et. Avis, 31 mai 2013, AJDA 2013, p. 1137).* En outre, comme l'article L. 223-1 al. 2 du Code de la route prévoit qu'au terme de chaque année du délai probatoire le nombre de points du permis de conduire est majoré dans l'unique mesure où aucune infraction ayant entraîné un retrait de points n'a été commise depuis le début de la période probatoire, il en résulte que la commission d'une infraction ayant entrainé le retrait d'un seul point pendant la période probatoire fait obstacle à la majoration. Les dispositions de l'article L. 223-6 al. du Code de la route qui prévoit qu'une infraction sanctionnée de la perte d'un seul point entraîne le rétablissement de celui-ci au bout de six mois en l'absence de nouvelle infraction ayant entraîné un retrait de points ne peuvent jouer (▪ *Cons. d'Et. 15 juin 2016, n° 392522, JCP adm 2016. Actu. 550).*

Ceci étant, lorsque le titulaire d'un permis probatoire obtient du juge administratif l'annulation de la perte totale de points, il doit en principe récupérer un solde de douze points. Cette perte ayant entraîné une privation de conduire, la question qui se pose est de savoir si le délai probatoire de deux ans ou de trois ans (L. 223-1 code de la route) qui concerne les conducteurs novices est suspendu durant la période où le conducteur ne peut plus utiliser son permis de conduire. Pour le conseil d'Etat, tel ne doit pas être le cas. Si au moment où le juge administratif restitue le permis de conduire, le délai probatoire est consommé, le capital doit être porté à douze points.

☞ « *Dans l'hypothèse où l'exécution de l'annulation contentieuse intervient après l'expiration du délai probatoire décompté de la date d'obtention du permis, il incombe [à l'administration], à moins qu'elle ne prononce un retrait de points au titre d'une autre infraction, de restituer à l'intéressé un permis de conduire affecté d'un capital de douze points, sans que puisse y faire obstacle la circonstance que le titulaire s'est trouvé empêché de conduire pendant une partie du délai » (▪ Cons. d'Et. Avis 30 nov. 2009, n° 329982).*

Au final, il subsiste un système fort réglementé et, en conséquence complexe, qui peut dérouter le citoyen automobiliste alors même que le nombre de points retirés est de plus en plus conséquent, avec une courbe qui a progressé fortement depuis 2002 (1,1 million en 1993 ; 3,1 millions en 2002 ; 8 millions en 2006). Le cap des 10 millions de points retirés a été franchi en 2010 et l'augmentation se poursuit semble-t-il inexorablement (12 millions en 2012 ; 16,3 millions en 2022 : source ministère de l'intérieur). La corrélation avec le déploiement des radars dits automatiques n'échappera à personne. Ce sont toujours les excès de vitesse qui représentent la partie la plus significative des infractions ayant entraîné un retrait de point (55 % en 2011 ; 56 % en 2022 : source ministère de l'intérieur). Très majoritairement, c'est un retrait d'un point qui est effectué (58,5 % en 2022). Le retrait d'un point intervient essentiellement pour un excès de vitesse supérieur à 5 km/h et inférieur ou égal à 20 km/h.

Nous verrons cependant dans cet ouvrage, au travers de l'étude approfondie du système du permis à points et des diverses mesures venant affecter temporairement ou définitivement la validité du permis de conduire, que des garanties existent et que la jurisprudence récente s'avère fort heureusement parfois utile aux automobilistes.

1

Le système du permis à points

Le permis de conduire est affecté, pour tous les automobilistes, d'une quantité de points qui est réduite à la suite de la commission d'infractions au code de la route. Ce système du permis à points répond à des conditions de mise en œuvre précises (section 1), au terme d'une procédure particulière (section 2). Tant que tous les points ne sont pas perdus, du simple fait de l'écoulement du temps ou grâce au suivi d'un stage, l'automobiliste sanctionné peut récupérer ses points (section 3). Mais, lorsque le capital point est entièrement anéanti, le permis n'est plus valide et le refus de le restituer est répréhensible (section 4).

Section 1. Les conditions du retrait de points

La réduction des points sur le permis de conduire est soumise à des exigences strictes dont le respect est une condition indispensable au déclenchement de la procédure de retrait. Toutes les infractions à la circulation routière n'affectent pas le nombre initial de points attachés au permis de conduire. Seules certaines d'entre elles, explicitement visées par le Code de la route, sont susceptibles d'entraîner une perte de points (§ 1). D'autres conditions doivent être réunies. Il est nécessaire d'établir la réalité de l'infraction (§ 2), de tenir compte du véhicule utilisé (§ 3) et de considérer la qualité de la personne (§ 4).

§ 1. Les infractions visées

Le Code de la route détermine précisément les conditions de la perte de points sur le permis de conduire. En ce sens, il précise les infractions concernées mais celles-ci se trouvent, de façon regrettable disséminées au long du Code de la route. Aussi, nous en dresserons la liste.

A. La nécessité d'une perte de points prévue par le Code de la route

D'une façon générale, le Code de la route prévoit, pour chaque infraction, la sanction ou les sanctions correspondantes. Le retrait de points ne déroge pas à cette règle. Par exemple, l'article R. 415-6 concentre les éléments constitutifs de la contravention de non-respect de l'arrêt imposé par un panneau « stop ». Il expose les peines encourues : amende prévue pour les contraventions de quatrième classe, c'est-à-dire au maximum de 750 € (amende forfaitaire de 135 €), peine complémentaire de suspension du permis pour une durée de trois ans au plus, réduction de plein droit de quatre points du permis de conduire. Ainsi, les infractions passibles d'un retrait de points sont limitativement énumérées et le nombre de points précisé par le Code de la route, sans aucun aménagement possible.

La gravité de l'infraction commise va déterminer l'échelle de la perte de points. Les infractions, punies par une perte de points maximale, peuvent faire disparaître jusqu'à six points. L'article L. 223-2 I C. route dispose que pour les délits, le retrait de points est égal à la moitié du nombre maximal de points (celui-ci est de douze points). Pour les contraventions, la perte s'échelonne entre un et six points depuis la loi du 12 juin 2003 (auparavant le maximum était de quatre points). Cet article indique aussi qu'en matière de contravention, le retrait est, au maximum, égal à la moitié du nombre maximal de points. Excepté pour les titulaires d'un permis probatoire - on l'a déjà signalé - la commission d'une infraction ne permet donc pas, à elle seule, d'aboutir à la disparition totale des points affectés au permis de conduire.

Le seuil de six points est toutefois relevé en présence d'infractions commises simultanément. Dans cette hypothèse, les retraits de points, pour plusieurs infractions dont au moins un délit se cumulent, mais sans jamais dépasser huit points. Peu importe que les infractions commises soient des délits ou des contraventions (art. L. 223-2 III C. route). Des infractions dans un laps de temps très court n'entrent pas dans ce cas de figure. En effet, le plafonnement du retrait de points à huit points, prévu par les dispositions des articles L. 223-2 et R. 223-2 du code de la route, ne s'applique qu'en cas d'infractions commises simultanément et non successivement.

Ainsi des infractions commises à 18h14, 18h16, 18h17 et 18h18 consistant en un non-respect de l'arrêt à un feu rouge et trois changements de directions sans avertissement préalable ne sont pas considérées comme commises simultanément (▪ *Cons. d'Et. 20 juin 2023, n° 460902).*

B. Les infractions passibles d'une perte de points

Les infractions passibles d'une perte de plein droit de **six points** sont les suivantes :

- ☞ atteinte involontaire à la vie (homicide involontaire) ou atteinte à l'intégrité d'une personne (blessures involontaires) entraînant une incapacité qui excède trois mois lorsque l'infraction est commise à l'occasion de la conduite d'un véhicule terrestre à moteur (art. L. 232-1 et L. 232-3 C. route) ;
- ☞ en l'absence de tout signe d'ivresse manifeste, conduite ou accompagnement d'un élève conducteur sous l'empire d'un état alcoolique caractérisé par une concentration d'alcool dans le sang égale ou supérieure à 0,50 gramme par litre ou par une concentration d'alcool dans l'air expiré égale ou supérieure à 0,25 milligramme par litre (art. L. 234-1 I et R. 234-1 I C. route) ;
- ☞ en l'absence de tout signe d'ivresse manifeste, conduite d'un véhicule de transport en commun sous l'empire d'un état alcoolique caractérisée par une concentration d'alcool dans le sang égale ou supérieure à 0,20 gramme par litre ou par une concentration d'alcool dans l'air expiré égale ou supérieure à 0,10 milligramme par litre (art. L. 234-1 I et R. 234-1 I C. route) ;
- ☞ conduite d'un véhicule ou accompagnement d'un élève en état d'ivresse manifeste (art. L. 234-1 II C. route) ;
- ☞ conduite d'un véhicule ou accompagnement d'un élève après usage de stupéfiants (art. L. 235-1 C. route) ;

- ☞ refus de se soumettre aux vérifications destinées à établir si le conducteur impliqué dans un accident mortel de la circulation conduisait sous l'influence de substances ou plantes classées comme stupéfiants (art. L. 235-3 C. route) ;

- ☞ refus pour le conducteur ou pour l'accompagnateur d'un élève conducteur de se soumettre aux vérifications destinées à établir la preuve d'un état alcoolique au moyen d'analyses et examens médicaux, cliniques et biologiques (prise de sang) ou au moyen d'une analyse de l'air expiré (éthylomètre) (art. L. 234-8 III et L. 234.10 C. route) ;

- ☞ refus pour tout conducteur de se soumettre à toutes vérifications prescrites concernant son véhicule ou sa personne (art. L. 233-2 C. route) ;

- ☞ fait pour le conducteur d'un véhicule ou engin terrestre, fluvial ou maritime, sachant qu'il vient de causer ou d'occasionner un accident, de ne pas s'arrêter (délit de fuite) (art. L. 231-1 et L. 231-3 C. route) ;

- ☞ fait, pour tout conducteur, de ne pas obtempérer à une sommation de s'arrêter émanant d'un fonctionnaire ou agent chargé de constater les infractions dès lors qu'il est muni des insignes extérieurs et apparents de sa qualité (L. 233-1 III C. route) ;

- ☞ fait, en vue d'entraver ou de gêner la circulation, de placer ou de tenter de placer, sur une voie ouverte à la circulation publique, un objet faisant obstacle au passage des véhicules ou d'employer, ou de tenter d'employer, un moyen quelconque pour y mettre fin (art. L. 412-1 C. route) ;

- ☞ fait de faire circuler, sur les voies ouvertes à la circulation publique un véhicule à moteur ou une remorque sans que ce véhicule soit muni des plaques ou inscriptions réglementaires et, en outre, de déclarer un numéro, un nom ou un domicile autre que le sien ou que celui du propriétaire (art. L. 317-3 III C. route) ;

- fait de mettre en circulation un véhicule à moteur ou une remorque, muni d'une plaque ou d'une inscription ne correspondant pas à la qualité de ce véhicule ou à celle de l'utilisateur (art. L. 317-4 III C. route) ;

- fait pour toute personne, malgré la notification qui lui aura été faite d'une décision prononçant à son encontre la suspension ou la rétention du permis de conduire, de conduire un véhicule à moteur pour la conduite duquel une telle pièce est nécessaire (art. L. 224-16 V C. route) ;

- fait, pour toute personne ayant reçu la notification d'une décision prononçant à son encontre la suspension du permis de conduire, de refuser de restituer le permis suspendu à l'agent de l'autorité chargé de l'exécution de cette mesure (art. L. 224-17 IV C. route) ;

- fait pour toute personne, pendant la période pour laquelle une décision de rétention du permis de conduire lui a été notifiée sur le fondement de l'article L. 224-1 C. route (présomption de conduite ou conduite avérée sous l'empire d'un état alcoolique ; présomption ou accompagnement avéré sous l'empire d'un état alcoolique d'un élève conducteur ; conduite en état d'ivresse manifeste ou accompagnement en état d'ivresse manifeste d'un élève conducteur ; refus de se soumettre aux épreuves et mesures de dépistages de l'imprégnation alcoolique), de refuser de restituer le permis de conduire (art. L. 224-17 IV C. route) ;

- fait pour tout conducteur d'un véhicule, de faire obstacle à son immobilisation ou à un ordre d'envoi en fourrière (art. L. 325-3-1 C. route) ;

- récidive d'un dépassement de plus de 50 km/h de la vitesse maximale autorisée (art. L. 413-1 et R. 413-14-1 C. route) ;

- fait pour toute personne, par une fausse déclaration, d'obtenir ou de tenter d'obtenir le permis de conduire (art. L. 224-18 III C. route).

- faire usage d'une plaque ou d'une inscription, exigée par les règlements en vigueur et apposée sur un véhicule à moteur ou une remorque, portant un numéro, un nom ou un domicile faux ou supposé (art. L. 317-2 C. route) ;

☞ fait de mettre en circulation ou de faire circuler un véhicule à moteur ou une remorque muni d'une plaque portant un numéro d'immatriculation attribué à un autre véhicule dans des circonstances qui ont déterminée ou auraient pu déterminer des poursuites pénales contre un tiers (art. L. 317-4-1 C. route) ;

☞ détention, transport ou usage d'un appareil, dispositif ou produit de nature ou présenté comme étant de nature à déceler la présence ou perturber le fonctionnement d'appareils, instruments ou systèmes servant à la constatation des infractions à la législation ou à la réglementation de la circulation routière ou de permettre de se soustraire à la constatation des dites infractions (art. R. 413-15 IV C. route).

☞ non-respect de l'obligation de céder le passage au piéton s'engageant régulièrement dans la traversée d'une chaussée ou manifestant clairement l'intention de traverser (art. R. 415-11 C. route).

☞ non-respect de l'obligation de céder le passage au piéton circulant dans une zone piétonne ou une zone de rencontre (art. R. 415-11 C. route).

Les infractions suivantes entraînent de plein droit la perte de **quatre points** :

☞ ne pas céder le passage à tout véhicule, lorsqu'un conducteur débouche sur une route à partir d'un accès non ouvert à la circulation publique, d'un chemin de terre ou d'une aire de stationnement en bordure de la route (art. R. 415-9 C. route) ;

☞ refus, au moment d'aborder une intersection, pour le conducteur venant par la gauche de céder le passage à l'autre conducteur (art. R. 415-5 C. route) ;

☞ en dehors des agglomérations, refus de céder le passage aux véhicules qui circulent sur une route à grande circulation pour le conducteur abordant une telle route et qui ne se trouve pas sur une route de cette catégorie (art. R. 415-8 al. 1 C. route) ;

- à l'intérieur des agglomérations, refus de céder le passage aux véhicules qui circulent sur une route à grande vitesse (ou une route assurant la continuité de l'itinéraire à grande vitesse) pour le conducteur qui ne se trouve pas sur une route de cette catégorie, si un arrêté est dûment pris en ce sens (art. R. 415-8 al. 2 C. route) ;

- refus pour le conducteur se trouvant sur une bretelle d'autoroute de céder le passage aux usagers de l'autoroute (art. R. 421-3 C. route) ;

- refus de respecter la signalisation imposant des règles particulières de céder le passage à certaines intersections (art. R. 415-7 C. route) ;

- refus de marquer un temps d'arrêt à la limite de la chaussée abordée ou de céder le passage aux véhicules circulant sur l'autre route, aux intersections signalées par un panneau « stop » (art. R. 415-6 C. route) ;

- refus de respecter les règles générales de priorité (pour tout conducteur s'apprêtant à quitter une route sur sa gauche, obligation de serrer à gauche). Lorsque la chaussée est à double sens de circulation, il ne faut pas en dépasser l'axe médian, sauf si la chaussée comporte un nombre impair de voies matérialisées, auquel cas, le conducteur doit emprunter la voie médiane. Des dispositions différentes peuvent toutefois être prises par l'autorité investie du pouvoir de Police (art. R. 415-4 C. route), tout conducteur abordant un carrefour à sens giratoire est tenu de céder le passage aux usagers circulant sur la chaussée qui ceinture le carrefour à sens giratoire (art. R. 415-10 C. route), tout conducteur est tenu de céder le passage aux piétons régulièrement engagés dans la traversée d'une chaussée (art. R. 415-11 C. route), tout conducteur est tenu de céder le passage aux véhicules d'intérêt général prioritaires annonçant leur approche par l'emploi des avertisseurs spéciaux prévus pour leur catégorie (R. 415-12 C. route) ;

- ☞ non-respect de l'arrêt imposé par un panneau « stop » ou par un feu rouge fixe ou clignotant (art. 415-6 et 412-30 C. route) ;
- ☞ dépassement compris entre 40 km/h et moins de 50 km/h de la vitesse maximale autorisée (art. R. 413-14 III 1° C. route) ;
- ☞ circulation la nuit ou le jour lorsque la visibilité est insuffisante, en un lieu dépourvu d'éclairage public, avec un véhicule sans éclairage, ni signalisation (art. R. 416-11 C. route) ;
- ☞ marche arrière sur autoroute ou demi-tour sur autoroute, notamment en traversant la bande centrale séparative des chaussées ou en empruntant une interruption de celle-ci (art. R. 421-6 C. route) ;
- ☞ circulation en sens interdit (art. 412-28 C. route) ;
- ☞ s'engager sur une voie ferrée en risquant de rester immobilisé sur la voie (art. R. 422-3 Code de la route) ;
- ☞ s'engager lorsque les barrières du passage à niveau sont fermées ou en cours de fermeture (art. R. 422-3 Code de la route);
- ☞ ne pas dégager immédiatement la voie ferrée à l'approche d'un train (art. R. 422-3 Code de la route).
- ☞ Une réduction de **trois points** est encourue de plein droit pour les infractions suivantes :
- ☞ circulation en marche normale sur la partie gauche d'une chaussée à double sens de circulation (art. R. 412-9 al. 5 C. route) ;
- ☞ franchissement d'une ligne continue axiale ou séparative de voies de circulation (art. R. 412-19 C. route)
- ☞ changement important de direction sans que le conducteur ne se soit assuré que la manœuvre est sans danger pour les autres usagers et sans qu'il ait averti ceux-ci de son intention (art. R. 412-10 C. route) ;

- ☞ dépassement de moins de 40 km/h de la vitesse maximale autorisée pour les conducteurs titulaires depuis moins de deux ans du permis de conduire (art. R. 413-14 III 3° C. route) ;
- ☞ dépassement de la vitesse maximale autorisée compris entre 30 km/h et moins de 40 km/h, à l'exception des titulaires du permis de conduire depuis moins de deux ans (art R. 413-14 III 2° a C. route) ;
- ☞ dépassement dangereux en violation des dispositions des articles R. 414-4, R. 414-6, R. 414-7, R. 414-8, R. 414 10, R. 414-11 C. route ;
- ☞ arrêt ou stationnement dangereux (notamment en raison d'une visibilité insuffisante, de la proximité d'une intersection de routes, des virages, des sommets de côte et des passages à niveau) (art. R. 417-9 C. route);
- ☞ arrêt ou stationnement sur la chaussée, la nuit ou lorsque la visibilité est insuffisante, en un lieu dépourvu d'éclairage public, d'un véhicule sans éclairage ni signalisation (art. R. 416-12 IV C. route) ;
- ☞ circulation sur les bandes d'arrêt d'urgence (art. R. 412-8 C. route) ;
- ☞ ne pas être coiffé d'un casque homologué pour les conducteurs de motocyclettes, de tricycle et de quadricycle ou ne pas l'avoir attaché (C. route, art. R. 431-1) et défaut de port de la ceinture de sécurité par les conducteurs de véhicules à moteur (art. R. 412-1 IV et R. 431-2 C. route) ;
- ☞ conduite d'un véhicule sans respecter la distance de sécurité imposée avec le véhicule qui le précède (art. R. 412-12 C. route) ;
- ☞ conduite d'un véhicule sans respecter les conditions de validité ou les restrictions d'usage du permis de conduire (art. R. 221-1 C. route).
- ☞ usage d'un téléphone tenu en main par le conducteur d'un véhicule en circulation (art. R. 412-6-1 C. route).

- placer dans le champ de vision du conducteur d'un véhicule en circulation un appareil en fonctionnement doté d'un écran et ne constituant pas une aide à la conduite ou à la navigation » (art. R. 412-6-2 C. route).

- non-respect d'une interdiction de circuler sur une route fermée temporairement à la circulation ou sur tout ou partie d'une chaussée (art. R. 411-21-1 C. route).

- Violation des règles de circulation inter-files (art. R. 412-11-3 C. route).

- Une réduction de **deux points** est encourue de plein droit pour les infractions suivantes :

- dépassement de la vitesse maximale autorisée compris entre 20 km/h et moins de 30 Km/h, à l'exception des conducteurs titulaires depuis moins de deux ans du permis de conduire (art. R. 413-14 III 2° b C. route) ;

- accélération de l'allure par le conducteur d'un véhicule sur le point d'être dépassé (art. R. 414-16 C. route) ;

- circulation, arrêt ou stationnement sur la bande centrale séparative des chaussées (art. R 421-5 C. route) ;

- circulation, descente sur la chaussée ou sur une bande d'arrêt d'urgence du conducteur d'une motocyclette d'une cylindrée supérieure à 125 cm^3 ou d'un véhicule de la catégorie L5e d'une puissance supérieure à 15 kW/h sans port d'un équipement rétroréfléchissant (art. R. 431-1-2 C. route).

- Une réduction **d'un point** est encourue de plein droit pour les contraventions suivantes :

- chevauchement d'une ligne continue axiale ou séparative de voies de circulation (art. R. 412-19 C. route) ;

- franchissement ou chevauchement d'une bande d'arrêt d'urgence (art. R. 412-22 C. route) ;

- dépassement de la vitesse maximale autorisée compris entre 5 km/h et moins de 20 km/h (art. R. 413-14 III 2° c. route) ;

La constatation d'une ou plusieurs des infractions visées ci-dessus est un passage préalable à la perte de points sur le permis de conduire. Cette condition obligatoire n'est cependant pas suffisante. La perte de points ne peut intervenir que lorsque la réalité de l'infraction se trouve établie.

§ 2. L'établissement de la réalité de l'infraction

Il paraît logique que la perte de points survienne que lorsque la commission d'une infraction est suivie d'une condamnation. En fait, le Code de la route rend la perte effective lorsque la réalité de l'infraction se trouve établie et précise le contenu de cette exigence (art. L. 223-1). Seules quatre situations emportent une perte de points.

A. Le paiement d'une amende forfaitaire

La perte de points intervient à la suite du paiement d'une amende forfaitaire. En effet, un tel paiement est considéré comme établissant la réalité - au moins implicite - de l'infraction. Le système de l'amende forfaitaire correspond à une procédure applicable à la plupart des contraventions dont l'exécution présente pour effet principal d'éteindre l'action publique (art. 529 C. pr. pén.). En résumé, le paiement de l'amende forfaitaire empêche toute poursuite ultérieure mais parce qu'il revient à reconnaître l'infraction, il génère la perte de points.

☞ « *Lorsque le destinataire d'un avis de contravention choisit d'éteindre l'action publique par le paiement de l'amende forfaitaire […] ce paiement établit la réalité de l'infraction et entraîne la réduction de plein droit du nombre de points dont est affecté le permis de conduire de l'intéressé. Par suite, celui-ci ne peut utilement soutenir devant le juge administratif, à l'appui de ses conclusions dirigées contre la décision de retrait de points, qu'il n'est pas le véritable auteur de l'infraction* » (▪ *Cons. d'Et., avis, 26 juill. 2006, n° 292750).*

Le paiement de l'amende forfaitaire est donc lourd de conséquences, y compris quand la carte grise comporte le nom de plusieurs titulaires. Dans ce cas, celui qui s'acquitte de l'amende forfaitaire ne peut plus soutenir par la suite qu'il n'était pas l'auteur de l'infraction et il perdra des points. L'application de ce principe comprend quelques réserves. L'avis de contravention doit préciser lequel des titulaires verra le solde de points réduit et que celui-ci a la faculté de former une requête en exonération pour contester être l'auteur de l'infraction, le cas échéant en désignant un autre titulaire comme en étant le véritable auteur (▪ *Cons. d'Et. 25 févr. 2011, n° 338692, AJDA 2011, p. 419*). Le juge administratif applique le même raisonnement que dans le cas où le titulaire du certificat d'immatriculation paie le montant de l'amende tout en disant qu'il n'était pas le conducteur. La réalité de l'infraction est en effet établie par le règlement. Dès lors, tous les moyens relatifs aux circonstances de l'infraction sont inopérants devant le juge administratif. Ainsi, le requérant qui précise dans un courrier s'acquitter du règlement en qualité de titulaire du certificat d'immatriculation du véhicule en infraction sans reconnaitre en être le conducteur ne saurait prétendre qu'il aurait procédé, non au paiement de l'amende, mais à celui de la consignation du montant de l'amende forfaitaire. La perte de points consécutive à cette infraction est donc avérée *(▪ Cons. d'Et. 3 févr. 2022, n° 45319)*. De même, lorsqu'un conducteur n'établit pas avoir élevé une contestation au titre de l'infraction en cause, il n'échappera pas au retrait de points sur son permis de conduire en arguant du paiement de l'amende par la société titulaire du certificat d'immatriculation du véhicule et non par lui-même (▪ *Cons. d'Et . 20 mars 2015, AJDA 2015, p. 1251)*.

En vertu de la procédure d'amende forfaitaire, le contrevenant dispose de la possibilité d'acquitter immédiatement le montant de l'amende entre les mains de l'agent verbalisateur ou dans un délai de quarante-cinq jours à compter de la constatation de l'infraction ou l'envoi de l'avis de contravention.

La procédure d'amende forfaitaire connaît une variante pour quelques contraventions (contraventions des deuxième, troisième, quatrième classes, excepté celles concernant le stationnement). Le paiement de l'amende se trouve minoré s'il est effectué soit entre les mains de l'agent verbalisateur au moment même de la constatation de l'infraction contre remise d'une quittance, soit dans un délai de trois jours à compter des faits ou dans un délai de quinze jours quand l'avis de contravention est ultérieurement envoyé à l'intéressé. Le montant de l'amende est alors diminué de 30 % (art. 529-8 C. route).

Si l'automobiliste conteste sa contravention dans les délais et dans les formes légales (sous quarante-cinq jours et en joignant notamment l'original de l'avis de contravention), le juge, en cas de condamnation, ne pourra prononcer une amende inférieure au montant de l'amende ou de l'amende forfaitaire majorée, selon le cas (pour plus de détail sur la procédure d'amende forfaitaire, V. J.P. Céré, *Amende forfaitaire,* Répertoire pénal et de procédure pénale Dalloz, V. aussi en annexe le tableau relatif au montant des amendes).

Depuis la loi du 12 juin 2003 sur la violence routière une procédure spécifique a été instaurée pour certaines infractions constatées, sans interception du conducteur. Cette procédure concerne principalement les infractions relevées par des appareils homologués de contrôle automatique (radars automatiques). Pour toutes les infractions visées à l'article R. 121-3 du code de la route (par ex. les excès de vitesse, le non-respect des feux de signalisation ou des signaux d'arrêt, le non-respect des distances de sécurité ou la circulation dans les voies réservées à certaines catégories d'usagers, l'usage du téléphone tenu en main ou le port à l'oreille de tout dispositif susceptible d'émettre du son), le conducteur est tenu de consigner une somme d'argent correspondant au montant de l'amende, s'il veut contester la sanction infligée. Compte tenu du nombre considérable d'infractions constatées par les radars automatiques, le ministère de la justice a ouvert un site internet qui permet de régler en ligne les contraventions (www.amendes.gouv.fr) et met au service des automobilistes un numéro de téléphone : 0 811 10 10 10 (prix d'une communication locale) pour obtenir des informations sur les radars automatiques. Pour ces infractions, les automobilistes ont quinze jours pour régler l'amende forfaitaire minorée et quarante-cinq jours pour s'acquitter de l'amende forfaitaire.

Sans consignation, l'automobiliste ne pourra valablement saisir le juge (art. 529-10 C. pr. pén.). En revanche, s'il s'acquitte de cette consignation, le juge pourra soit relaxer l'intéressé, soit le condamner. En cas de relaxe, le montant de cette consignation doit lui être reversé. En cas de condamnation, le juge ne pourra pas prononcer une amende inférieure au montant de l'amende forfaitaire ou de l'amende forfaitaire majorée augmentée d'une somme de 10 %.

S'il n'est pas le conducteur du véhicule, le titulaire de la carte grise du véhicule en infraction doit fournir les coordonnées du conducteur ou justifier du vol de son véhicule pour échapper au paiement de l'amende. Il lui faut en effet fournir « soit le récépissé du dépôt de plainte pour vol ou destruction du véhicule [...], soit une lettre signée de l'auteur de la requête ou de la réclamation précisant l'identité, l'adresse, ainsi que la référence du permis de conduire de la personne qui était présumée conduire le véhicule lorsque la contravention a été constatée ». Cette procédure est limitée à ces seules infractions et sous réserve qu'il n'y ait pas d'interception du conducteur (par ex. elle ne s'applique pas à la contravention d'usage d'un téléphone tenu en main par le conducteur d'un véhicule en circulation, ▪ *Cass. Crim. 28 sept. 2005, Bull. crim. n° 242 ; AJ Pénal 2006, p. 82, obs. C. Paulin ; Dr. Pénal 2005, comm. n° 173, obs. J.H. Robert*). Si ces mêmes contraventions sont constatées par les forces de l'ordre mais que l'automobiliste est intercepté, cette procédure de consignation ne s'applique pas. L'automobiliste n'est donc pas obligé de consigner une somme d'argent pour pouvoir saisir le juge. Il peut cependant faire l'objet d'une procédure de composition pénale.

B. L'émission du titre exécutoire de l'amende forfaitaire majorée

Depuis la loi du 12 juin 2003, l'article L. 223-1 du Code de procédure pénale prévoit aussi que « l'émission du titre exécutoire de l'amende forfaitaire majorée » entraîne la perte de points. Ainsi, il est possible d'effectuer un retrait de points à la suite de l'émission d'un titre de recouvrement d'une amende forfaitaire demeurée impayée, consécutivement à une infraction se traduisant par une perte de points. En effet, au-delà du délai de contestation de quarante-cinq jours, l'amende forfaitaire est majorée et un titre de recouvrement de l'amende est émis par le trésor public. L'émission de ce titre est donc assimilable à une condamnation définitive. C'est d'ailleurs ce qu'avait admis le Conseil d'Etat avant même que la loi ne vienne le préciser (▪ *Cons. d'Et. 14 oct. 2002, n° 205204).*

Il va de soi que la preuve du paiement de l'amende forfaitaire ou l'émission du titre de l'amende forfaitaire majorée doit être apportée par l'administration. C'est à cette seule condition que le retrait de point pourra intervenir. Ceci dit, le Conseil d'Etat vient, dans un avis, grandement faciliter cette exigence en se contentant de la production du relevé d'information intégral. Si, sur ce dernier, figure la mention du paiement de l'amende forfaitaire ou de l'émission du titre exécutoire de l'amende forfaitaire majorée, la réalité de l'infraction est alors considérée comme établie et le retrait de points est légitimé.

Cette solution facilite inévitablement la tâche de l'administration qui, jusqu'à présent, avait souvent du mal à produire les pièces justificatives du paiement de l'amende. Toutefois, l'automobiliste peut renverser cette situation en prouvant qu'il a bien contesté les poursuites devant l'officier du ministère public, en se prévalant soit d'une requête en exonération au stade de l'amende forfaitaire, soit d'une réclamation au stade de l'amende forfaitaire majorée. Comme celles-ci ont pour effet d'empêcher ou d'annuler le titre exécutoire (art. 529-2 et 530 CPP), un retrait de points ne peut alors intervenir.

☞ « *La réalité de l'infraction est établie [...] dès lors qu'est inscrite, dans le système national des permis de conduire, la mention du paiement de l'amende forfaitaire ou de l'émission du titre exécutoire de l'amende forfaitaire majorée, sauf si l'intéressé justifie avoir présenté une requête en exonération dans les quarante-cinq jours de la constatation de l'infraction ou de l'envoi de l'avis de contravention ou formé, dans le délai prévu à l'article 530 du code de procédure pénale, une réclamation ayant entraîné l'annulation du titre exécutoire de l'amende forfaitaire majorée* » (▪ *Cons. d'Et. 20 nov. 2024, n° 493806* ▪ *Cons. d'Et. 24 juill. 2009, n° 312.215).*

Comme une réclamation entraîne l'annulation du titre exécutoire de l'amende forfaitaire majorée, la réalité de l'infraction ne peut plus être établie. L'autorité administrative n'a, dès lors, pas d'autre choix que de rétablir sur le permis de conduire de l'intéressé les points qui lui avaient été retirés, « sans préjudice d'un nouveau retrait si le juge pénal est saisi et prononce ensuite une condamnation » (▪ *Cons. d'Et. 16 juin 2016, JCP adm. 2016. Actu. 551).*

Diverses autorités judiciaires ont un accès direct aux informations du fichier national du permis de conduire, afin de faciliter l'exécution des peines de suspension du permis de conduire. Les magistrats administratifs peuvent également consulter directement les informations enregistrées dans l'application du système national des permis de conduire, dans le cadre des recours exercés contre les décisions de retrait de points (art. L. 225-4 C. route).

C. L'exécution d'une composition pénale

L'exécution d'une composition pénale est une deuxième possibilité de parvenir à un retrait de points. Là encore, la composition pénale permet de conclure à la réalité de l'infraction. L'accord du délinquant est requis obligatoirement. Par son acceptation, il admet sa participation aux faits reprochés.

La composition pénale est une mesure alternative aux poursuites instaurée par la loi n° 99-515 du 23 juin 1999 qui dépend du procureur de la République. Ce dernier peut notamment proposer à l'auteur d'un délit ou d'une contravention n'affectant pas gravement l'ordre public, de verser une amende au profit du trésor public, de se dessaisir de la chose qui a servi ou qui était destinée à commettre l'infraction, de remettre son permis de conduire auprès du Tribunal judiciaire, d'effectuer un travail non rémunéré au profit de la collectivité, ou d'indemniser la victime (art. 41-1 et s. C. pr. pén.).

La composition pénale implique encore la saisine, pour valider la procédure, du président du tribunal judiciaire ou d'un juge du tribunal de police.

A l'instar de la procédure d'amende forfaitaire, la composition pénale exécutée revient à éteindre l'action publique. C'est évidemment aussi le cas d'une condamnation définitive.

D. La présence d'une condamnation définitive

Le constat d'une condamnation prononcée par un Tribunal (Tribunal de police ou Tribunal correctionnel) augure d'une perte de points. Il faut cependant attendre que la condamnation devienne définitive. Cette dernière condition est remplie après épuisement ou abandon des voies de recours. La personne poursuivie n'a plus matière à contester les faits pour lesquels une condamnation a été prononcée. Alors, elle perd le nombre de points attaché à l'infraction. Dès lors qu'est inscrite dans le système national des permis de conduire la mention d'une condamnation pénale devenue définitive, la jurisprudence considère que la réalité de l'infraction est établie. Il est insuffisant d'indiquer avoir présenté un recours contre une condamnation à une date postérieure à celle à laquelle, selon le relevé intégral d'information, elle a acquis un caractère définitif (▪ *Cons. d'Et. 18 déc. 2017, JCP adm. 2018. Actu. 42 ; AJDA 2018, p. 719).* C'est encore le cas, par exemple, en l'absence d'opposition à une ordonnance pénale.

☞ « *La réalité de l'infraction est établie par une ordonnance pénale suspendant le permis de conduire et à laquelle le prévenu n'a pas fait opposition. Dès lors le manquement à l'obligation d'information préalable des articles L. 223-3 et R. 223-3 ne saurait prospérer » (▪ Cons. d'Et. 26 juill. 2023, n° 470185).*

Seuls des cas particuliers peuvent conduire à une issue inverse.

☞ *« La réalité de l'infraction ne peut plus être regardée comme établie par la mention d'une condamnation pénale devenue définitive sur le relevé intégral d'information du conducteur dès lors qu'un tribunal de police a déclaré non avenu en toutes ses dispositions un jugement antérieur contre lequel le prévenu avait formé opposition et fait droit à une exception, relevée d'office, d'extinction de l'action concernant l'infraction en cause » (▪ Cons. d'Et. 17 juill. 2024, n° 466713).*

☞ Dans l'hypothèse d'un recours formé après une condamnation à une date postérieure à celle à laquelle, selon le relevé intégral d'information relatif à son permis, elle a acquis un caractère définitif, si « *la juridiction pénale, statuant sur le recours ainsi introduit, le jugerait recevable et annulerait la condamnation postérieurement au rejet par le juge administratif du recours dirigé contre la décision de retrait de points ou celle constatant la perte de validité du permis, il appartiendrait à l'administration de retirer cette décision » (▪ Cons. d'Et. 18 déc. 2017, supra).*

En dehors de ces hypothèses strictes prévues par l'article L. 223-1 du Code de la route, aucune perte de points ne peut intervenir. C'est encore la lecture à retenir de la circulaire interministérielle NOR : INTD0400031C du 11 mars 2004 relative au régime général du permis de conduire à points et au permis probatoire, quand elle se réfère à la faculté pour le parquet de proposer aux conducteurs responsables d'infractions de suivre un stage à titre d'alternative aux poursuites pénales. En cas d'acceptation de ce stage par l'intéressé, l'action publique n'est pas engagée. Faute donc de condamnation subséquente à la commission de l'infraction, il ne saurait y avoir de retrait de points et, par corrélation, pas de récupération envisageable (circ. I-3-2).

§ 3. Les véhicules concernés

L'intervention de la perte de points peut être dépendante du véhicule utilisé pour commettre l'infraction aux règles de la circulation routière. Les faits commis à l'occasion de la conduite de certains véhicules n'entraînent pas, en effet, une disparition de points.

La circulaire interministérielle du 11 mars 2004 relative au régime général du permis de conduire à points et au permis probatoire fixe les limites du domaine d'application du retrait de points aux seules « infractions commises au moyen de véhicules pour la conduite desquels un permis de conduire est exigé ». Il faut en conclure que le cycliste titulaire d'un permis de conduire qui emprunte les voies ouvertes à la circulation ne peut se voir retirer des points sur son permis à la suite d'une infraction au Code de la route. La remarque prévaut à l'identique pour le conducteur d'une voiturette, d'un cyclomoteur ou d'un tracteur agricole (▪ *Cons. d'Et. 8 décembre 1995, n°140812*). Elle s'applique aussi pour un scooter, lorsque sa conduite ne nécessite pas d'être titulaire du permis de conduire, à savoir ceux de moins de 50 cm3 (▪ *TA Strasbourg 27 avr. 2001, AJDA 2002, p. 152, concl. R. Collier).*

La solution est de bon sens. Le retrait de point ne peut donc intervenir qu'à l'occasion de la conduite d'un véhicule nécessitant un permis de conduire (▪ *Cons. d'Et. 14 oct. 2014, JCP adm. 2015. Actu. 877* ▪ *Cons.* d'Et., 8 déc. 1995, n° 158676 et n° 19890). Il serait paradoxal de retirer des points à un individu qui possède un permis sans parenté avec la conduite du véhicule ayant servi à commettre l'infraction. Du reste, qu'il soit titulaire ou non d'un permis de conduire, tout contrevenant s'expose à d'autres sanctions pénales (par exemple une amende).

§ 4. Les personnes affectées

Le dispositif du permis à points repose sur le principe de la responsabilité personnelle de l'auteur de l'infraction. Selon ce principe, seul le conducteur du véhicule peut perdre des points sur son permis. La règle ne souffre pas d'exception. Les infractions passibles d'un retrait de points concernent soit des faits commis par le « conducteur » (par ex. art. R. 414-16 C. route) soit des faits « commis à l'occasion de la conduite d'un véhicule terrestre à moteur » (par ex. art. L. 232-1 C. route et art. 221-6 C. pén.). Dès lors, les infractions débouchant sur un retrait de points doivent bien être commises par le conducteur du véhicule, « à l'exclusion des contraventions commises par d'autres personnes, notamment par des passagers, lesquels ne sont pas nécessairement titulaires d'un permis de conduire » *(▪ Cons. d'Et. 8 déc. 1995, préc.).* Ce faisant, le passager d'un véhicule ne peut se voir retirer des points sur son permis de conduire lorsqu'il n'attache pas sa ceinture. Il reste en revanche, là encore, sanctionnable par une amende.

A. Le retrait de points applicable aux seuls conducteurs identifiés

La question du retrait de points sur le permis du titulaire du certificat d'immatriculation du véhicule (de la carte grise) pourrait se poser à propos de certaines infractions, alors qu'il n'est pas forcément le conducteur au moment des faits.

A l'origine, la loi n° 99-905 du 18 juin 1999 (*JO* 19 juin 1999, p. 19015), prévoyait que le titulaire de la carte grise d'un véhicule était tenu de payer les amendes infligées à la suite de la commission de quatre contraventions : réglementation sur les vitesses maximales autorisées, sur le respect des distances de sécurité entre les véhicules, sur l'usage de voies et chaussées réservées à certaines catégories de véhicules et sur les signalisations imposant l'arrêt des véhicules, quand bien même il n'est pas prouvé qu'il soit le conducteur au moment des faits. L'article L. 121-3 du Code de la route dispose en effet que dans ces circonstances, le propriétaire est « redevable pécuniairement de l'amende encourue ».

Le champ d'application de cet article a été étendu par un décret n° 2016-1955 du 28 décembre 2016 (pris en application de l'article 34 de loi justice du XXIe siècle du 18 novembre 2016) et porté celui-ci à douze infractions. Depuis, assez régulièrement, d'autres décrets sont venus étoffer cette liste dressée à l'article R. 121-6 du C. route). La jurisprudence sans surprise tient pour redevable pécuniairement le titulaire du certificat d'immatriculation pour l'une ou l'autre des infractions figurant à cet article (par ex. conduite avec port d'une oreillette ▪ *Cass. Crim. 28 mars 2023, n° 22-86.286*).

Ce texte concerne aussi bien les particuliers que le représentant d'une personne morale ou encore le loueur d'un véhicule qui peuvent être redevables du paiement de l'amende. La cour de cassation a même précisé que l'identification de la seule remorque attachée à un véhicule tracteur, suffisait à justifier l'application de ce texte dès lors que le prévenu était en possession de « l'un des deux éléments composant le véhicule verbalisé ». En somme, ces éléments (le véhicule tracteur et la remorque) sont considérés comme formant un tout (▪ *Cass. crim. 27 mars 2008, AJ Pénal 2008, p. 324, obs. J.P. Céré*).

Cette obligation de paiement n'a toutefois pas de prolongement sur le capital point du titulaire du certificat d'immatriculation s'il n'est pas formellement identifié comme auteur de l'infraction. En dépit d'une éventuelle condamnation au paiement d'une amende, celui-ci ne peut perdre de points sur son permis. L'article L. 121-3 al. 2 exclut explicitement cette hypothèse, tout comme il interdit le prononcé de toute peine complémentaire. En aucun cas, en effet, le titulaire du certificat d'immatriculation ne peut être considéré comme responsable pénalement de l'infraction s'il n'a pas été identifié (▪ *Cass. crim. 5 déc. 2007, n° 07-82.979).* Si un retrait de points est quand même effectué, l'automobiliste peut saisir les juridictions administratives pour que les points indûment retirés lui soient recrédités.

L'absence de retrait de points sur le permis de conduire est toutefois conditionnée à la présence d'une requête en exonération auprès du service mentionné sur l'avis de contravention ou d'une réclamation auprès du ministère public. En effet, en s'acquittant du paiement de l'amende forfaitaire, le titulaire du certificat d'immatriculation ne peut plus se prévaloir des dispositions exonératoires de l'article L. 121-3 al. 2. Ce paiement vaut reconnaissance, à tout le moins implicite, de l'infraction et il éteint l'action publique, y compris lorsque le certificat d'immatriculation est établi au nom d'une personne morale. Ainsi, le représentant légal d'une personne morale ne peut contester un retrait de points sur son permis résultant du paiement de l'amende forfaitaire, dans l'hypothèse où il n'était pas contesté qu'il était bien à l'époque des faits le représentant légal de l'entreprise concernée (▪ *CAA Nancy 5 mai 2008, n° 06NC01665).*

La procédure de retrait de points est en effet soumise à de strictes règles de déclenchement. La cour de cassation veille, d'ailleurs, à ce qu'aucune condamnation pénale n'intervienne, pour le titulaire du certificat d'immatriculation, s'il apparaît qu'il n'est pas le conducteur du véhicule.

B. La protection jurisprudentielle du conducteur non identifié

En cas d'infraction à la réglementation sur les vitesses maximales autorisées, sur le respect des distances de sécurité, sur l'usage des voies réservées à certaines catégories de véhicules et sur les signalisations imposant l'arrêt des véhicules commises sans que le conducteur ne soit identifié, le titulaire du certificat d'immatriculation est aujourd'hui redevable du paiement de l'amende sans toutefois que son permis ne perde de points. Ce paiement ne peut lui-même intervenir dans tous les cas de figure. Au nom du respect du principe général de la personnalité des peines, la chambre criminelle de la Cour de cassation interprète strictement les dispositions de l'article L. 121-3 du Code de la route.

En présence d'éléments venant souligner que le titulaire du certificat d'immatriculation du véhicule ne pouvait en être le conducteur au moment de l'infraction, aucune condamnation ne pourra intervenir. Il en va bien évidemment ainsi quand des éléments avérés indiquent que le conducteur n'appartenait pas au même sexe que le titulaire du certificat d'immatriculation (▪ *Cass. crim. 17 févr. 2004, Bull. crim. n° 43 ; AJ Pénal 2004, p. 155, obs. A. Pitoun et P. Remillieux ; D. 2004, p. 1192, note J.P. Céré ; Dr. pénal. 2004, comm. 109, obs. J.H. Robert ; Procédures 2004, comm. 112, obs. J. Buisson).* Cela doit encore être le cas si le titulaire du certificat d'immatriculation fournit des éléments montrant qu'il ne peut être l'auteur de l'infraction, par exemple, qu'il se trouvait à un autre endroit que celui où l'infraction a été relevée (par ex. présence à son travail, hospitalisation etc.) ou en invoquant un cas de force majeure (par ex. vol du véhicule). Ainsi, il a été jugé que le titulaire du certificat d'immatriculation ne pouvait être redevable du paiement de l'amende car il séjournait à l'étranger au moment de la constatation de l'infraction (▪ *Cass. crim. 25 sept. 2007, n° 07-81.511*).

Toutefois, les éléments produits à l'audience restent soumis à l'appréciation du juge du fond. Il ne suffit assurément pas pour le titulaire du certificat d'immatriculation de dénier se trouver sur les lieux de l'infraction au moment des faits pour échapper à son obligation pécuniaire. Le fait de déclarer que le véhicule était conduit par un ami dont le prévenu ne veut pas révéler l'identité est donc insuffisant (▪ *Cass. crim. 12 sept. 2007, Jurisp. Auto* 2008, p. 379 ; V. même pour une condamnation en dépit de la production de deux attestations ▪ *Cass. crim. 12 mars 2008, n° 07-84.570).* En somme, il faut que l'élément versé au dossier par le titulaire du certificat d'immatriculation soit suffisamment crédible ou que rien ne permette « de mettre en doute la sincérité » de l'attestation produite (▪ *Cass. crim. 1er oct. 2008, JCP 2008, G, II, 10004, note T. Garé*).

Depuis une loi du 12 mai 2009, le représentant légal d'une personne morale fait l'objet d'un traitement plus rigoureux. Il devra, en toute hypothèse, acquitter son obligation pécuniaire, à moins qu'il n'établisse l'existence d'un événement de force majeure ou qu'il fournisse des renseignements propres à identifier le conducteur concerné. Il ne lui est plus possible d'échapper à l'obligation pécuniaire en parvenant à démontrer qu'il ne pouvait être le conducteur du véhicule. Sa marge de manœuvre est dès lors extrêmement restreinte puisqu'elle se limite à faire un choix entre acquitter la somme d'argent considérée ou dénoncer le véritable conducteur. En aucun cas, la personne morale, elle-même, peut être déclarée redevable du paiement (▪ *Cass. crim. 30 sept. 2009, n° 09-80178).*

En l'état actuel de la législation et sans considération de la personne, la responsabilité pénale du titulaire du certificat d'immatriculation ne peut être engagée s'il refuse de divulguer le nom du conducteur du véhicule en infraction. L'article L. 121-3 du Code de la route ne correspond pas à une présomption de culpabilité qui autoriserait le juge à condamner pénalement le titulaire du certificat d'immatriculation dès lors que le conducteur n'est pas identifié (c'est-à-dire entraîner la perte de points). L'obligation pécuniaire existante ne va donc pas jusqu'à imposer au titulaire du certificat d'immatriculation d'apporter la preuve « qu'il ne serait pas l'auteur véritable de l'infraction » (▪ *Cass. crim. 3 mai 2007, Jurisp. Auto 2007, p. 355* ▪ *Cass. Crim. 1er avr. 2008, n° 07-86.275).*

§ 5. Le permis à points et la Convention européenne des droits de l'homme

Dès son entrée en vigueur, le permis à points a soulevé des contestations sur le terrain de la Convention européenne des droits de l'homme. La question de l'application du retrait de points aux seuls titulaires d'un permis de conduire français s'est posée (A). Mais c'est surtout au regard des effets du retrait de points sur la situation du conducteur que les juridictions ont été saisies. Au terme de l'ultime retrait de points, le permis devient nul et l'absence de contrôle du juge judiciaire sur ce retrait est à confronter aux règles de l'article 6 de la Convention européenne des droits de l'homme qui pose le droit à un procès équitable. Pour la Cour européenne des droits de l'homme, le retrait de points est assimilable à une véritable peine (B). Cette solution ne manque pas d'entraîner plusieurs conséquences sur les garanties qui doivent être apportées à l'automobiliste (C).

A. La légitimité de l'application du retrait de points aux seuls nationaux

L'architecture du système du permis à points ne concerne pas les titulaires d'un permis de conduire obtenu dans un pays étranger. Ainsi, la personne qui possède, par exemple, un certificat de conduire espagnol ou italien n'encourt pas le risque de perdre des points alors même qu'elle commettrait une infraction pour laquelle un conducteur français verra son capital points entamé. Comme un automobiliste qui ne dispose pas d'un permis de conduire français ne se voit ni attribuer, ni retirer des points sur son permis de conduire, il ne saurait au terme d'une suspension de celui-ci solliciter le rétablissement de la validité de son permis avec 12 points (▪ *Cons. d'Et. 26 juill. 2023, n° 463176).*

Le retrait de points et l'annulation du permis, en s'appliquant aux seuls titulaires d'un permis de conduire français, fait apparaître une discrimination entre les ressortissants nationaux et les étrangers. La Cour de cassation a été saisie d'un recours pour violation des dispositions des articles 5 (droit à la liberté) et 14 (interdiction des discriminations) et 2 du protocole additionnel n° 4 de la convention (droit de circuler librement sur le territoire d'un Etat). De façon logique, elle estime que l'Etat français conserve sa souveraineté en matière pénale et « qu'aucune règle de droit international ne fait obstacle à ce qu'un Etat applique à ses propres nationaux des règles plus sévères que celles qui s'imposent, sur son territoire, à des ressortissants étrangers » (▪ *Cass. crim. 11 mars 1998, Jurispr. Auto 1998, p. 277 ; D. 1988.IR, p. 144).*

Dans un cas de figure précis, toutefois, la remise d'un permis de conduire étranger peut être ordonnée. L'hypothèse concerne le ressortissant français qui se fait délivrer un permis de conduire dans un pays étranger parce qu'il ne dispose plus de permis français valide. L'obtention du nouveau permis n'a pas d'autre objectif que d'échapper à la législation interne. Pour la Cour de cassation, un permis de conduire obtenu à l'étranger ne peut conférer à son titulaire plus de droits que le permis auquel il s'est substitué. Ce « document ne peut valoir autorisation de conduire un véhicule et il doit être remis par son détenteur, aux lieux et place du permis français, aux autorités chargées de l'exécution de la mesure d'annulation » *(▪ Cass. crim. 11 mars 1998, Jurispr. Auto 1998, p. 274).* Cette jurisprudence, bien qu'elle ait été rendue à propos d'une annulation judiciaire du permis à points devrait pouvoir trouver à s'appliquer au permis invalidé pour défaut de points.

En traitant plus durement les titulaires d'un permis de conduite français, le système du permis à points ne viole donc pas la Convention européenne des droits de l'homme. Ce point ne soulève pas vraiment de difficultés contrairement à la nature juridique du retrait de points.

B. La nature pénale du retrait de points

La nature du retrait de points a été soulevée dès l'origine. Au nom du droit à un procès équitable prévu par l'article 6 de la Convention européenne des droits de l'homme, de nombreux requérants ont invoqué l'incompatibilité du système du permis à points. Pour ces requérants, eu égard aux conséquences des pertes de points successives sur la liberté de circuler en voiture, le retrait de points présente les caractères d'une véritable peine pénale. Or, le système du permis à points échappe aux juridictions répressives. Le juge ne dispose, en principe, d'aucune possibilité pour moduler et individualiser la sanction. Elle est abandonnée aux autorités administratives et le retrait se réalise automatiquement. C'est cette absence de tout contrôle du pouvoir judiciaire qui a souvent été invoquée comme source de violation des dispositions de l'article 6 de la Convention.

La nature pénale du retrait de points au regard de l'article 6 de la Convention européenne des droits a été déniée à plusieurs reprises par la jurisprudence interne jusqu'à ce que la cour européenne des droits de l'homme apporte récemment une réponse contraire.

La Cour de cassation a tout d'abord décliné la nature pénale du retrait de points parce que le juge ne pouvait accorder une mesure de réhabilitation ou de relèvement en vertu des dispositions de l'article L. 11-4 ancien du Code de la route (L. 223-4 C. route actuel). En considérant ainsi que le retrait de points ne présentait pas une nature pénale, la chambre criminelle évitait de répondre à la question de la légalité même du décret du 25 juin 1992, mettant en place le système du permis à points, dont l'intervention tardive avait été contestée (▪ *Cass. crim. 6 juill. 1993, Bull. crim., n° 240 ; D. 1994, p. 33, note P. Couvrat et M. Massé ; Dr. pénal, 1993, comm. n° 259, obs. J.H. Robert ; Rev. sc. crim., 1994, p. 118, obs. J.P. Delmas Saint-Hilaire* ▪ *Cass. crim. 18 mai 1994, Bull. crim., n° 191, D. 1994. IR.184 ; Dr. pénal, 1994, comm. n° 212, obs. J.H. Robert ; Gaz. Pal., 17 sept. 1994, somm. p. 50, note J.P. Doucet ; Gaz. Pal., 24 août 1995, p. 19, note T.P. Berthelot et Y. Rio* ▪ *Cass. crim. 25 mai 1994, Dr. pénal, 1994, comm. n° 263, obs. J.H Robert* ▪ *Cass. crim. 1er juin 1994, Dr. pénal, 1994, comm. n° 212, obs. J.H. Robert).*

Tout en confirmant l'absence de nature pénale de la mesure de retrait de points, la motivation de la chambre criminelle a évolué par la suite. Elle a considéré, dans ses dernières décisions, qu'elle ne pouvait toujours pas apprécier la légalité du décret du 25 juin 1992, sur le fondement de l'article 111-5 du Code pénal. Cet article prévoit que les juridictions pénales ne peuvent se déterminer sur la légalité des actes réglementaires que lorsque de cet examen, dépend la solution du procès qui leur est soumis (▪ *Cass. crim. 21 avr. 1998, Jurispr. Auto 1998, p. 395).* Comme le retrait de points intervient automatiquement, il est vrai qu'en aucune façon, il influe sur les poursuites pénales. Pour autant, la chambre criminelle n'a jamais expliqué de façon convaincante en quoi le retrait de points ne présentait pas les attributs d'une sanction pénale.

Le Conseil d'Etat, sans offrir d'arguments décisifs, a estimé que le retrait de points s'assimilait à une sanction administrative, au seul motif que la perte de points relève de la compétence d'autorités administratives. Pour la haute juridiction, l'article 6 de la Convention européenne des droits de l'homme ne pouvait dès lors s'appliquer (▪ *Cons. d'Et. 8 déc. 1995, Mouvement de défense des automobilistes, D. 1997, p. 287, note W. Sabete).* C'était pourtant oublier que le champ d'application de l'article 6 de la Convention englobe toutes les sanctions, indépendamment de leur qualification par le droit interne, quand elles dépassent un certain seuil de gravité (V. par ex. ▪ *Cour EDH, 8 juin 1976, Engel et autres c/ Pays-Bas, Série A, n° 22).*

Le débat sur la nature du retrait de points a trouvé un aboutissement attendu au niveau européen. En dépit de la jurisprudence de la Cour de cassation et du Conseil d'Etat, la Cour européenne des droits de l'homme, abonde dans le sens de l'assimilation du retrait de points à une peine.

Dans une première affaire qui concernait un retrait partiel de points consécutif à un excès de vitesse, la Cour européenne estime qu'au regard de ses effets, le retrait de points relève bien de la matière pénale. Pour conclure en ce sens, elle constate notamment que le retrait de points « intervient dans le cadre et à l'issue d'une accusation en matière pénale » et résulte de surcroît « d'une condamnation prononcée par le juge pénal ». Il s'agit finalement, pour la Cour européenne, « d'une peine accessoire » (▪ *Cour EDH 23 sept. 1998, Malige c/ France, D. 1999, somm. p. 154, obs. B. De Lamy et p. 267, obs. J.F. Renucci ; JCP 1999.II.10086, note F. Sudre ; Rev. sc. crim. 1999.145, obs. F. Massias ; Dr. pénal 1999, comm. 87, note J.H. Robert ; Gaz. Pal. 1998.2. Somm. p. 508 et 2-3 déc. 1998, note T.P. Berthelot et Y. Rio).* Dans une seconde affaire, sans surprise, la Cour européenne a confirmé sa jurisprudence à propos d'un retrait de points aboutissant à l'annulation définitive du permis (▪ *Cour EDH 2 févr. 1999, Roche c/ France, Gaz. Pal. 24-25 nov. 1999, p. 2).*

Ces décisions de la Cour européenne des droits de l'homme ne sont pour l'instant qu'imparfaitement reprises, ce qui laisse penser que la jurisprudence sur le retrait de points n'est pas complètement fixée. Dans un premier temps, la chambre criminelle a éludé la nature de la perte de points (▪ *Cass. crim. 28 mars 2001, Jurisp. Auto 2001, p. 274)*. Puis, dans un second temps, elle a refusé de voir dans la perte de points, même totale, une sanction pénale accessoire à une condamnation (▪ *Cass. crim. 1er févr. 2006, Jurisp. Auto 2006, p. 273)*. Cette dissemblance avec la décision Malige de la cour européenne des droits de l'homme (v. supra) ne saurait perdurer indéfiniment et il conviendra bien que le juge national puisse l'assimiler dans toutes ses dimensions.

C. Les conséquences de la nature pénale du retrait de points

Le fait d'estimer que le retrait de points entre dans la matière pénale implique d'examiner si le système français respecte les garanties posées par l'article 6 de la Convention européenne des droits de l'homme.

La reconnaissance de la nature pénale du retrait de points aurait pu laisser penser que celui-ci violait la Convention, en raison de son caractère automatique et de l'absence d'appréciation de l'opportunité du prononcé d'une telle sanction au cas par cas.

Plusieurs raisons ont pourtant concouru, pour la Cour, à valider le système français. La première réside dans l'existence d'un contrôle en amont de la sanction de retrait de points. Avant que n'intervienne un retrait de points, la Cour note que l'automobiliste dispose d'informations obligatoires suffisantes pour qu'il puisse éventuellement contester « les éléments constitutifs de l'infraction pouvant servir de fondement à un retrait de points » (arrêt *Malige*, § 47). Il est averti que le retrait de points ne peut survenir qu'à la suite de la réalité d'une infraction pénale, à savoir soit une condamnation devenue définitive, soit un paiement volontaire de l'amende qui induit la reconnaissance de l'infraction et donc l'acceptation tacite du retrait de points. Dès lors, dans l'hypothèse d'un jugement, l'automobiliste peut « contester la réalité de l'infraction pénale [...] et soumettre au juge répressif tous les moyens de fait ou de droit qu'il estime utiles à sa cause » (arrêt *Malige*, § 48). La deuxième raison se trouve dans la possibilité ultérieure de saisir le juge administratif afin qu'il contrôle la régularité de la procédure de retrait de points.

Après de longues années de controverses juridiques, le dispositif du permis à points a entrevu, par la grâce de la Cour européenne des droits de l'homme, une légitimité supplémentaire. La Cour de cassation, d'ailleurs, valide pleinement le système du permis à points et déclare qu'aucune « incompatibilité n'existe entre la loi du 10 juillet 1989 et la Convention européenne des droits de l'homme (▪ *Cass. crim. 28 mars 2001, Jurispr. Auto 2001, p. 274).* Le retrait automatique de points ne soulève pas non plus, pour la chambre criminelle, de difficultés au regard de l'article 132-17 qui prévoit « qu'aucune peine ne peut être appliquée si la juridiction ne l'a expressément prononcée » et à l'article 132-24 qui dispose que « dans les limites fixées par la loi, la juridiction prononce les peines et fixe leur régime en fonction des circonstances de l'infraction et de la personnalité de leur auteur ». La Cour de cassation a jugé que ces deux articles « n'ont pas aboli la possibilité pour le législateur de prévoir des sanctions pénales accessoires à des condamnations pénales », à l'exception de l'interdiction des droits civiques, civils et de famille (▪ *Cass. crim. 14 févr. 2001, Jurispr. Auto 2001, p. 171).*

Section 2. La procédure de retrait de points

Le retrait de points sur le permis nécessite le respect d'une procédure au cours de laquelle différentes autorités vont intervenir. La gestion du nombre de points et le retrait est confié à l'administration mais celle-ci n'a aucun pouvoir d'initiative en la matière. Le mécanisme du retrait de points présente un caractère automatique. Il s'enclenche en outre au terme d'une procédure qui s'impose à l'administration. En effet, une phase judiciaire (§ 1) précède toujours la phase administrative du retrait de points (§ 2).

§ 1. La phase judiciaire

Tout retrait de points suppose le déroulement préalable d'une phase judiciaire. Sa durée peut fortement dépendre de l'attitude du contrevenant. Dès la constatation de l'infraction, la loi offre des options qui vont peser sur la suite de la procédure.

A. Les droits lors de la constatation de l'infraction

Dès la commission de l'infraction, l'automobiliste bénéficie d'un droit à l'information. Ce dernier doit lui permettre de mieux dominer les arcanes du permis à points.

1. Le droit à l'information

Le droit à l'information revêt une portée singulière dans le système du permis à points. Ce droit est consacré par plusieurs articles du Code de la route et reçoit un contenu précis.

a) La consécration du droit à l'information préalable

Dès l'instant où un usager de la route est arrêté parce qu'il a commis une infraction générant une perte de points, l'agent verbalisateur doit l'informer du retrait de points qu'il est susceptible d'encourir. Les textes prévoient qu'il doit recevoir un certain nombre d'informations (art. L. 223-2, L. 223-3, R. 223-3 C. route).

Ainsi, il est avisé des dispositions de l'article L. 223-2 qui définit le nombre maximal de points pouvant être retirés selon le type d'infraction (retrait de la moitié du nombre maximal de points pour les délits et retrait, au plus, égal à la moitié du nombre maximal de points pour les contraventions). De même, dans l'hypothèse où plusieurs infractions sont commises simultanément, il est informé que les retraits de points « se cumulent dans la limite des deux tiers du nombre maximal de points » (huit points). Lorsqu'il est fait application de la procédure d'amende forfaitaire ou de la procédure de composition pénale, l'auteur de l'infraction est informé que le paiement de l'amende ou l'exécution de la composition pénale débouche sur le retrait du nombre de points correspondant à l'infraction reprochée. La qualification juridique de cette infraction est également portée à sa connaissance (art. L. 223-3 C. route).

La communication doit encore porter sur l'existence d'un traitement informatisé des données et sur la faculté pour l'intéressé d'exercer un droit d'accès aux informations le concernant (art. L. 223-3, R. 223-3 et L. 225-1 à L. 225-9 C. route).

L'intéressé doit enfin être avisé que le paiement de l'amende équivaut à reconnaître l'infraction et qu'il entraîne automatiquement, réduction de son nombre de points (art. L. 223-1 et R. 223-3 C. route).

Pour essentiel qu'il soit, le manquement au droit à l'information n'est pas sanctionné *a priori* par les articles du Code de la route qui l'érige pourtant en principe. Il n'en demeure pas moins qu'il s'agit là d'une formalité substantielle qui va conditionner la validité de la procédure subséquente de retrait de points.

Le Conseil d'Etat a affirmé depuis longtemps toute l'importance de ce droit à l'information. Il s'agit « d'une garantie essentielle donnée à l'auteur de l'infraction pour lui permettre d'en contester la réalité et d'en mesurer les conséquences sur la validité de son permis, qui conditionne la régularité de la procédure suivie et, partant, la légalité du retrait de points » (▪ *Cons. d'Et. avis n° 171045 du 22 nov. 1995, Charton, JO 18 janv. 1996, p. 896 ; Rec.. Cons. d'Et., p. 421, concl. P. Frydman ; D. 1996.IR. p. 30).*

Plus tardivement, mais tout aussi explicitement, la cour de cassation a consacré ce principe du droit à l'information. Elle estime que « l'information prévue par les articles L. 223-3, alinéa 1 et 2 et R. 223-3, I du code de la route est une formalité substantielle qui conditionne la légalité de chaque retrait administratif de points du permis de conduire » (▪ *Cour Cass. 6 oct. 2008, avis n°0800011, AJ Pénal 2099, p. 32, obs. J.P. Céré ; Dr. pénal 2009. Comm. 6, note J.H. Robert*).

Le juge judiciaire peut en conséquence statuer sur la preuve de la délivrance de l'information notamment au stade des poursuites pour refus de remettre son permis ou lorsque le titulaire du permis persiste à conduire en dépit de la perte de tous ses points ; infraction prévue par l'article L. 223-5 du code de la route.

La chambre criminelle a ainsi considéré que la communication au juge judiciaire, par le ministère public, du relevé intégral des informations le concernant, extrait du système national du permis de conduire, laissait entendre que le prévenu était présumé avoir été informé (▪ *Cass. crim. 2 févr. 2011, n° 10-86.747, Dr. pénal 2011, comm. 65).* Si l'automobiliste, en effet, déclare ne pas avoir reçu les informations exigées par les articles L. 223-3 et R. 223-3, il doit encore apporter la preuve du défaut d'information et ne pas se contenter de simples allégations (▪ *Cass. Crim. 1er avr. 2009, AJ Pénal 2009, p. 358, obs. J.P. Céré).* A défaut, le relevé d'information intégral des infractions versé au dossier qui se trouve produit par le ministère public est suffisant pour s'assurer de l'ensemble des infractions au code de la route ayant abouti au retrait de la totalité des points (▪ *Cass. crim. 4 janv. 2012, n° 11-84.021*).

Ce pouvoir appartient aux juges du fond. La chambre criminelle considère que la véracité de l'allégation d'un prévenu selon laquelle il n'aurait pas reçu les informations et avertissements prévus par les articles L. 223-3 et R. 223-3 relève « des pouvoirs souverains des juges du fond » (▪ *Cass. crim. 31 janv. 2012, n° 11-85.253, Dr. pénal 2012, comm. 51, obs. J.H. Robert*).

Ce droit à l'information est donc fermement protégé. Aussi, les juridictions administratives ne manquent pas d'annuler les procédures de retrait de points qui omettent de le respecter. Lorsque l'information au moment de la commission de l'infraction est défaillante, le juge administratif n'hésite pas à rétablir le conducteur dans ses droits. C'est ainsi qu'il peut même imposer à l'administration, après avoir crédité les points perdus, un délai maximum pour rétablir les points indûment retirés (*par ex. pour un délai de 15 jours* ▪ *CAA Nancy, 30 mai 2005, n° 03NC01059 ; pour un délai d'un mois* ▪ *CAA Paris, 9 août 2006, Juris. Auto 2006, p. 522)*. Il est donc important de s'accorder sur le contenu du droit à l'information préalable.

b) Le contenu du droit à l'information

Ce droit à l'information préalable se traduit par la remise d'un document sur lequel toutes les mentions indispensables figurent. Le document est communiqué par l'agent verbalisateur lors de la constatation de l'infraction ou, ultérieurement, par les services de police ou de gendarmerie si l'intéressé n'a pas été arrêté sur le moment. Son importance est capitale sur le plan de la preuve. C'est à l'administration et au ministre de l'Intérieur, sur lequel repose la mission de procéder au retrait de points, de prouver le respect du devoir d'information (▪ *Cons. d'Et., avis du 28 juill. 2000, n° 220301, D. IR. 2000, p. 241* ▪ *CAA Bordeaux 9 sept. 2008, req. n° 07BX00465)*. Si l'automobiliste conteste avoir reçu l'information et que l'administration se trouve dans l'incapacité de produire un feuillet permettant d'établir l'exactitude de l'information, la procédure doit être considérée comme irrégulière et le retrait de points, lui-même, doit être annulé (▪ *CAA Nancy 30 mai 2005, Jurisp. Auto 2006, p. 28* ▪ *CAA Bordeaux 14 juin 2005, Jurisp. Auto 2006, p. 26*). L'accomplissement de cette formalité doit figurer sur le procès-verbal et il n'appartient en aucune manière au conducteur de justifier qu'il n'aurait pas été informé (▪ *CAA Lyon 18 nov. 1999, Martin,* RFD *adm 2000, p. 488* ▪ *CAA Nantes 2 juin 2000, Aspinas, Gaz. Pal 4-6 mars 2001, p. 20).* De même il est essentiel que la qualification de l'infraction soit portée à la connaissance de l'automobiliste (▪ *Cons. d'Et. 7 juin 2024, n° 474788*).

Ainsi, le fait que l'automobiliste ait suivi un stage destiné à lui permettre de reconstituer son capital points ne suffit pas à démontrer qu'il avait connaissance de chacune des décisions lui retirant des points (▪ *TA Rennes, 20 juill. 2000, Gaz. Pal. 28-30 avr. 2002. 47*), ni d'ailleurs des éléments d'informations fournis lors de la commission d'infractions antérieures .

☞ *Le juge administratif ne peut se fonder, s'agissant d'une infraction ayant entrainé le retrait de points « sur la circonstance que l'existence d'un traitement automatisé des points et la possibilité d'y accéder avait été portée à la connaissance de l'intéressé à l'occasion d'infractions antérieures suffisamment récentes commises pour excès de vitesse » (*V. aussi en ce sens ▪ *Cons. d'Et. 19 août 2020, n° 437705).*

Pour autant, si la charge de la preuve repose sur l'administration, cette dernière peut l'apporter par tous moyens (▪ *CAA Bordeaux, 8 juill. 2006, Jurisp. Auto 2006, p. 58).*

Si l'indication selon laquelle le conducteur a reçu l'information sur la perte de points figure bien sur le procès-verbal, il faut alors opérer une distinction. D'une part, les indications figurant sur le procès-verbal, relatives à la constatation des faits constitutifs de l'infraction font foi jusqu'à preuve du contraire. En d'autres termes, la controverse sur le respect ou non du droit à l'information de l'automobiliste sur la perte de points est sans incidence sur la validité du procès-verbal de constatation de l'infraction. Sa nullité ne saurait être prononcée, même en l'absence des mentions exigées par l'article L. 223-3 du code de la route sur ce dernier. Parce que cet article « concerne la seule procédure administrative de retrait de points du permis de conduire, [...] le défaut d'information allégué n'est pas de nature à vicier le procès-verbal de constatation de l'infraction » (▪ *Cass. crim. 30 oct. 2012, n° 12-81580*). D'autre part, l'indication concernant la notification d'un éventuel retrait de points n'est pas revêtue de la même force probante. En dépit de cette moindre force probante de l'indication de la perte de points, il ne suffit pas, pour le conducteur, de la contredire pour échapper au retrait de points. Cette indication peut emporter la conviction du juge si elle est corroborée par d'autres éléments. C'est le cas lorsque le contrevenant a contresigné le procès-verbal ou qu'il n'a pas élevé d'objection sur son contenu (▪ *Cons. d'Et. 30 janv. 2002, Avis n° 239563 : JO 29 mars 2002 ; D. 2002. IR. 862 ; Gaz. Pal. 28-30 avr. 2002, p. 18* ▪ *Cons. d'Et. 9 avr. 2014, n° 360202, JCP adm. 2014. Actu. 353).* Il en va forcément de même lorsque le procès-verbal, signé par le prévenu, comprend la mention « je reconnais que l'imprimé [...] m'a bien été remis » ou encore, quand le ministre de l'Intérieur produit une copie d'un procès-verbal indiquant que l'intéressé reconnaît avoir été informé (▪ *Cons. d'Et. 7 déc. 2005, Jurisp. Auto 2006, p. 90).* Dans ce cas, la preuve de l'information doit être regardée comme apportée quand bien même le procès-verbal n'est pas signé par l'agent verbalisateur (▪ *Cons. d'Et. 11 mai 2016, n° 391346, JCP adm. 2016. Actu. 439).*

En revanche, si aucun élément ne permet de s'assurer que l'information sur la perte de points a été réellement communiquée à l'automobiliste, les points sont restitués. Il en va ainsi par exemple pour une affaire où le procès-verbal indiquait simplement « ci-joint un imprimé pour un retrait de trois points » sans qu'il ne soit ni établi ni soutenu que cet imprimé ait été remis à l'intéressé (▪ *Cons. d'Et. 21 mars 2003, Jurisp. Auto 2003, p. 428 ou « retrait 1 pt P.C. »* ▪ *TA Limoges 27 janv. 2000, Gaz. Pal. 28-30 avr. 2002, p. 37).* De même il faut considérer que les mentions sur le procès-verbal d'infraction sur l'état civil, l'adresse et le numéro du permis de conduire du conducteur, ainsi que l'identité et l'adresse du propriétaire du véhicule, prouve seulement que le procès-verbal a été dressé en en présence de l'intéressé, mais n'atteste pas qu'il se serait vu remettre une copie de ce document et qu'il aurait pu prendre connaissance des informations requises (▪ *Cons. d'Et. 9 avr. 2014, n° 360202).*

Il convient donc en pratique que l'avis de contravention, complété par l'imprimé d'information, soit contresigné par l'automobiliste (▪ *CAA Paris 16 mars 2006, Jurisp. Auto 2006, p. 390).* Ainsi, quand le procès-verbal de contravention est signé par le conducteur et que ce dernier fait état de la remise d'un formulaire d'information (dans le cas d'espèce CERFA n° 90-0204), l'administration est considérée comme ayant accompli son obligation d'information. Dans cette hypothèse, il ne reste plus à l'automobiliste qu'à contredire ces éléments en apportant la preuve soit que l'administration ne l'a pas informé, soit que les informations transmises étaient erronées. Sa marge de manœuvre est, dès lors, extrêmement étroite (▪ *CAA Lyon 18 févr. 2010, n° 08LY01160* ▪ *CAA Paris 26 janv. 2006, Jurisp. Auto 2006, p. 398*).

Notons que, dans un avis, le conseil d'État n'estime pas nécessaire que l'information du conducteur aille jusqu'à préciser le nombre exact de points retirés (▪ *Cons. d'Et. Avis, 31 janv. 2007, n° 295396, JO 13 févr. ; AJDA 2007, p. 739, concl. D. Chauvaux).* De même, elle ne saurait être étendue à d'autres formalités que celles prévues par les articles L. 223-3 et R. 223-3 C. route. L'absence d'information sur la possibilité existante de suivre un stage en vue de reconstituer le capital point n'est pas ainsi considérée comme conditionnant la régularité de la procédure de retrait de points (▪ *Cons. d'Et. 20 févr. 2008, n° 295250, 294396).*

Aujourd'hui, le droit à l'information est en principe respecté car les formulaires CERFA reprennent, sur un feuillet unique, les informations légales requises par la loi, à l'instar des procès-verbaux électroniques. En résumé, compte tenu de l'abondance de la jurisprudence sur ce devoir d'information, il est possible de distinguer de nombreuses situations.

✎ *1ère situation : non interception du véhicule*

En principe, le paiement de l'amende forfaitaire établit la délivrance de l'information préalable. Les documents CERFA transmis au contrevenant permettent de répondre aux exigences d'informations légales. Il reste alors à l'intéressé de démontrer qu'il a reçu un avis de contravention inexact ou incomplet.

☞ « *Lorsqu'il est établi notamment […] que le titulaire du permis de conduire a payé l'amende forfaitaire prévue à l'article 529 du code de procédure pénale au titre d'une infraction constatée par radar automatique, il découle de cette seule constatation qu'il a nécessairement reçu l'avis de contravention. Eu égard aux mentions dont cet avis doit être revêtu, la même constatation conduit également à regarder comme établi que l'administration s'est acquittée envers lui de son obligation de lui délivrer, préalablement au paiement de l'amende, les informations requises en vertu des dispositions précitées, à moins que l'intéressé, à qui il appartient à cette fin de produire l'avis qu'il a nécessairement reçu, ne démontre avoir été destinataire d'un avis inexact ou incomplet* » (▪ *Cons. d'Et. 20 nov. 2024, n° 494443* ▪ *Cons. d'Et. 19 janvier 2024, n° 469100 ; Cons. d'Et. 20 nov. 2009, n°329982).*

✎ 2e situation : interception du véhicule

En cas d'interception du véhicule, il convient de distinguer entre plusieurs hypothèses et une jurisprudence intégrative de l'utilisation des procès-verbaux électroniques.

Dans le cas d'un paiement immédiat de l'amende entre les mains de l'agent verbalisateur, celui-ci remet au contrevenant une quittance qui contient les informations prévues par le code de la route. Comme cette quittance est remise simultanément au paiement, la question s'est posée de savoir si l'information a véritablement été donnée préalablement au paiement, ou non. Pour le conseil d'État, la remise simultanée de la quittance est conforme aux prescriptions du code de la route et permet de satisfaire à l'obligation d'information du conducteur, à moins que le contrevenant ne prenne soin de mentionner des réserves sur les modalités de délivrance de l'information. Il estime ainsi que si la preuve que la délivrance de l'information est bien intervenue préalablement repose bien sur l'administration, « la transmission du duplicata de la quittance de paiement, dépourvue de toute réserve sur la délivrance de l'information alors que la case retrait de points avait été cochée » permet d'établir que le requérant s'était vu délivrer l'information requise (▪ *Cons. d'Et, 29 sept. 2022, n° 459964* ▪ *Cons. d'Et. 22 juin 2016, n° 393310* ▪ *Cons. d'Et. 22 juin 2011, n° 345431*), *a fortiori* si le requérant ne conteste ni l'existence ni l'authenticité de cette signature (▪ *Cons. d'Et. 5 oct. 2021, n° 435726).* Toutefois, si l'administration ne produit ni le procès-verbal d'infraction ni la souche de la quittance prévue à l'article R. 49-2 du code de procédure pénale et dépourvue de réserve mais se cantonne au seul relevé intégral d'information du conducteur mentionnant le paiement de l'amende, elle n'établit pas alors que la preuve de la délivrance de l'information est bien intervenue préalablement au paiement (▪ *Cons. d'Et. 9 févr. 2023, n° 459672).* Il en va à l'identique s'il apparaît que l'intéressé n'avait pas apposé sa signature sur le procès-verbal, qui ne comportait pas non plus la mention « refuse de signer » (▪ *Cons. d'Et. 29 févr. 2019, n° 423993).*

Dans le cas d'un paiement ultérieur de l'amende forfaitaire et pour les infractions relevées avec interception du véhicule à compter du 1er janvier 2002, la mention au système national des permis de conduire du paiement est suffisante pour considérer que le titulaire du permis s'est vu remettre un avis de contravention comportant les informations requises. La jurisprudence est de nature à fermer sérieusement les portes des arguments contentieux des automobilistes. L'administration est considérée comme ayant remis un avis de contravention comportant les informations requises par la loi en produisant une simple mention sur le relevé intégral de l'intéressé stipulant un paiement ultérieur de l'amende.

☞ *Considérant, enfin, que si l'intervention de l'arrêté du 5 octobre 1999 ne garantit pas, à elle seule, que des formulaires établis selon un modèle antérieur, où le document comportant les informations requises et celui nécessaire au paiement étaient entièrement distincts, n'aient pas continué à être utilisés pour la constatation des infractions, il résulte tant du règlement du Conseil du 3 mai 1998 concernant l'introduction de l'euro que des mesures législatives et réglementaires prises pour sa mise en œuvre, s'agissant notamment du montant des amendes, que de tels formulaires, libellés en francs, n'ont pu être employés après le 1er janvier 2002 ; que, pour les infractions relevées avec interception du véhicule à compter de cette date, la mention au système national des permis de conduire du paiement ultérieur de l'amende forfaitaire permet donc au juge d'estimer que le titulaire du permis s'est vu remettre un avis de contravention comportant les informations requises » (▪ Cons d'Et. 11 juill. 2012, n° 349137).*

Remarquons que cette facilité, pour l'administration, d'apporter la preuve du respect des obligations d'information qui lui sont imposées est cantonnée à la production du relevé intégral d'information. Le juge ne considère pas comme suffisant pour établir le paiement de l'amende, la production du courrier 48 SI qui avise l'intéressé de la perte de validité du permis de conduire pour solde de point nul (▪ *Cons. d'Et. 30 avr. 2012, n° 347941*). Néanmoins, avec ces évolutions jurisprudentielles, la remise en cause du respect de l'obligation d'informer l'automobiliste du retrait de points ne passe plus guère aujourd'hui, pour ce dernier, que par la faculté de produire un avis de contravention sur lequel la case « retrait de point » n'aurait pas été cochée par l'agent verbalisateur. Ceci suppose évidemment qu'il ait alors conservé l'avis de contravention (en ce sens, J.B. le Dall, Coup de frein sur le contentieux du permis à points, *Jurisp. Auto.* 2012, n° 845-846, p. 10).

En cas de non-paiement, l'administration peut produire un PV non signé par l'automobiliste et l'agent ne mentionne pas « refus de signer ». Dans ce cas, rien ne prouve que le PV a été rédigé en présence de l'automobiliste. Aussi, le conseil d'Etat estime que le retrait de points doit être annulé. Dès lors que le ministre de l'intérieur ne fait état d'aucun autre élément de nature à corroborer la mention de ces procès-verbaux selon laquelle l'intéressé aurait pris connaissance de l'information exigée par les articles L. 223-3 et R. 223-3 du code de la route, la seule circonstance qu'ait été émis un titre exécutoire d'amende forfaitaire majorée à raison de ces infractions ne suffit pas à faire présumer que l'intéressé a eu connaissance de l'avis de contravention comportant cette information (▪ *Cons. d'Et. 4 juill. 2012, n° 347208* ▪ *V. aussi, Cons. d'Et. 29 avr. 2011, n° 343346).*

En cas de non-paiement, il peut également arriver que l'administration produise un procès-verbal pour lequel l'automobiliste ne reconnaît pas la réalité de l'infraction (case ne reconnaît pas l'infraction cochée) et ne signe pas le PV de contravention, alors que le procès-verbal mentionne que l'imprimé CERFA a été remis au contrevenant. Dans le cas d'un PV où la mention selon laquelle le contrevenant a reçu l'avis de contravention n'est pas contresignée par l'intéressé, le conseil d'Etat s'attache à la production du relevé d'information intégral relatif à la situation du permis de conduire, quand bien même des éléments sur l'identité du contrevenant sont présents. Faute pour l'administration de produire le relevé qui aurait permis d'établir que le requérant s'était acquitté des amendes forfaitaires et que par suite il s'était vu remettre l'avis de contravention normalement revêtu des informations requises, il n'y pas de retrait possible.

☞ *« La circonstance que les renseignements relatifs à l'état civil, à l'adresse et au numéro du permis de conduire [...] figurent sur les mêmes procès-verbaux n'est pas de nature, contrairement à ce que soutient le ministre de l'intérieur [...] à démontrer que l'intéressé s'est vu remettre un document comportant l'information requise »* (▪ *Cons. d'Et. 9 juin 2011, n° 339836).*

Depuis un arrêté du 13 mai 2011, en cas de paiement de l'amende forfaitaire majorée, les formulaires obligatoirement utilisés sont considérés par le conseil d'Etat comme conformes aux prescriptions des articles L. 223-3 et R. 223-3 C. route. En effet, l'article A. 37-28 du code de la route impose de faire figurer une information sur le retrait de points dans les avis d'amendes forfaitaires majorées envoyées par les comptables publics et permettent au contrevenant de comprendre qu'en l'absence de contestation de l'amende, il sera procédé au retrait de points. Ces dispositions doivent permettent au juge administratif de considérer que le devoir d'information a été en principe rempli, excepté « si l'intéressé, à qui il appartient à cette fin de produire l'avis qu'il a nécessairement reçu, ne démontre que cet avis était inexact ou incomplet *» (▪ Cons. d'Ét. 6 août 2021, n° 439562 ▪ Cons. d'Ét. 22 juin 2016, n° 393310).*

✎ *3e situation : utilisation d'un procès-verbal électronique*

Dans le cadre de l'utilisation d'un procès-verbal électronique, le respect du droit à l'information préalable est matérialisé par la signature par l'automobiliste. En effet depuis une mise à jour logicielle effectuée le 15 avril 2015, l'ensemble des informations exigées par la loi, en cas d'infraction au code de la route entrainant retrait de point, apparaissent sur la page présentée au contrevenant sur tous les appareils électroniques utilisés par les agents verbalisateurs. Dès lors, pour les infractions constatées à compter de cette date, la signature apposée par l'intéressé et conservée par voie électronique établit que ces informations lui ont été délivrées. Mais, encore faut-il que cette signature soit suffisamment lisible.

☞ *En cas d'absence de signature sur un procès-verbal électronique à l'emplacement où doit figurer le facsimilé de la signature du contrevenant, où ne se trouve qu'une tache de petite dimension, il appartenait en tout état de cause, d'une part, à l'agent verbalisateur de s'assurer du bon enregistrement de la signature du contrevenant et, d'autre part, au ministre de l'intérieur et des outre-mer d'apporter au tribunal administratif des éléments justificatifs suffisamment probants s'il entendait se prévaloir d'un problème technique qui aurait fait obstacle à celui-ci. Par une appréciation souveraine, le tribunal administratif a pu valablement considérer que l'information préalable requise par les dispositions des articles L. 223-3 et R. 223-3 du code de la route n'avait pas été délivrée (▪ Cons. d'Et. 7 juin 2024, n° 490300).*

Par ailleurs, comme avec un formulaire CERFA, l'agent verbalisateur peut-être confronté à un refus de signer. Dans ce cas, la mention certifiée « refus de signer » possède la même valeur probante.

☞ *La signature du contrevenant apposée sur le procès-verbal électronique établit que les informations mentionnées aux articles L. 223-3 et R. 223-3 du code de la route ont été délivrées à cette occasion. La mention certifiée par l'agent selon laquelle le contrevenant a refusé d'apposer sa signature sur la page qui lui était présentée possède la même valeur probante (▪ Cons. d'Et. 7 juin 2024, n°473767 (▪ Cons. d'Et. 31 mai 2022, n° 455576).*

✎ 4e situation : présence d'un procès-verbal d'audition

Cette hypothèse concerne les infractions pour lesquelles la procédure d'amende forfaitaire n'est pas applicable, c'est-à-dire les infractions les plus graves (contravention de 5e classe et délits). Or, de façon paradoxale, les procès-verbaux d'audition ne reprennent pas toujours en effet la totalité des informations requises par l'article L. 223-2 du Code de la Route, à savoir que l'on encourt un retrait de points, qu'un traitement automatisé de ces points existe et que l'automobiliste dispose d'un droit d'accès à celui-ci et que « le retrait de points est, au plus égal à la moitié du nombre maximal de points » et que « dans le cas où plusieurs infractions entraînant retrait de points sont commises simultanément, les retraits de points se cumulent dans la limite des deux tiers du nombre maximal de points ». En pratique, il arrive que le procès-verbal indique juste que la personne encourt un retrait de points. Néanmoins, le conseil d'Etat considère que le moyen tiré du défaut d'information devient sans objet quand la réalité de l'infraction est reconnue par une condamnation devant le juge pénal dans la mesure où le contrevenant a pu la contester.

☞ *« Considérant que la délivrance, au titulaire du permis de conduire à l'encontre duquel est relevée une infraction donnant lieu à retrait de points, de l'information prévue aux articles L. 223-3 et R. 223-3 […] revêt le caractère d'une formalité substantielle et conditionne la régularité de la procédure au terme de laquelle le retrait de points est décidé ; que toutefois, lorsque la réalité de l'infraction a été établie par une condamnation devenue définitive prononcée par le juge pénal qui a statué sur*

> *tous les éléments de fait et de droit portés à sa connaissance et que l'auteur de l'infraction a ainsi pu la contester, l'omission de cette formalité est sans influence sur la régularité du retrait de points résultant de la condamnation » (▪ Cons. d'Et. 9 juin 2011, n° 335469, AJDA 2011, p. 1568, concl. Ph. Thiellay ; JCP adm. 2011. Actu. 468 ▪ Cons. d'Et. 7 déc. 2011, n° 348268).*

Cette solution est étendue à la procédure simplifiée de l'ordonnance pénale régie par les articles 524 et suivants du code de procédure pénale. En effet, pour le conseil d'Etat cette procédure « réserve la possibilité, pour le prévenu, de former opposition à l'ordonnance pénale ainsi prononcée et d'obtenir que l'affaire soit portée à l'audience du tribunal de police ou de la juridiction de proximité dans les formes de la procédure ordinaire » (▪ *Cons. d'Et. 11 juill. 2012, n° 349137, AJDA 2012, p. 1431* ▪ *Cons. d'Et. 19 déc. 2012, n° 345168).*

✎ *5e situation : composition pénale*

Dans le cadre d'une composition pénale, l'intéressé doit évidemment être avisé que celle-ci va générer un retrait de points ainsi que de la mention de l'existence d'un traitement automatisé des points et de la possibilité d'exercer un droit d'accès. Le conseil d'Etat a toutefois précisé les contours de ce droit à l'information. Si le procès-verbal constatant une infraction, ayant fait l'objet d'une composition pénale, omet de préciser l'existence d'un traitement automatisé des points et la possibilité d'exercer un droit d'accès, le juge est alors tenu de rechercher si au regard des circonstances de l'espèce et notamment, le cas échéant, de l'information dont l'intéressé a bénéficié à l'occasion d'autres infractions cette omission a eu pour effet « de priver l'intéressé de la garantie instituée par la loi, en ne lui permettant pas de mesurer les conséquences qu'aurait pour lui l'acceptation d'une composition pénale, valant reconnaissance de l'infraction et entraînant retrait de points » (▪ *Cons. d'Et. 9 déc. 2016, n° 395893, AJDA 2017, p. 151, ibid. p. 575, concl. N. Polge).* Il est donc entendu que cette seule omission de l'existence d'un traitement automatisé des points et de la possibilité d'y accéder n'entache pas d'illégalité la décision de retrait de points correspondante s'il ressort des pièces du dossier que ces éléments ont été portés à sa connaissance à l'occasion d'infractions antérieures suffisamment récentes (▪ *Cons. d'Et. 19 juill. 2017, n° 393102, JCP adm.*

2017. Actu 542) ou ces informations lui ont été délivrées lors de son audition par les services de police (▪ *Cons. d'Et. 27 déc. 2024, n° 476884*).

✎ *6e* situation : requête en exonération

La contestation de l'absence de la condition tenant au respect de l'information préalable prend souvent forme par une requête en exonération. Celle-ci peut s'exercer grâce au formulaire attaché à l'avis de contravention. Dans ce cas le conseil d'Etat considère que l'avis de contravention a forcément été reçu et donc que le droit à l'information a été exécuté.

☞ *La transmission par le ministre de l'intérieur du relevé intégral d'information de l'intéressé, des procès-verbaux d'infraction, ainsi que deux documents intitulés " dossier transmis à Monsieur l'officier du ministère public ", faisant apparaître que les requêtes en exonération avaient été formées au moyen des formulaires attachés aux avis de contravention suffit à établir que le conducteur avait nécessairement reçu cet avis et devait, dès lors, être regardé comme ayant bénéficié de l'information préalable prévue par les articles L. 223-3 et R. 223-3 du code de la route* (▪ *Cons. d'Et. 7 juin 2024, n° 490302).*

☞ *La circonstance qu'un conducteur forme, contre un avis de contravention, la requête en exonération prévue par l'article 529-2 du code de procédure pénale établit qu'il a reçu cet avis et qu'il doit être regardé comme ayant, par suite, bénéficié de l'information préalable prévue par les articles L. 223-3 et R. 223-3 du code de la route dont cet avis est assorti, sauf à soutenir qu'il a reçu un avis incorrect ou incomplet* (▪ *Cons. d'Et. 7 juin 2024, n° 488085* ▪ *Cons. d'Et. 10 mars 2021, n° 444670).*

✎ *7e* situation : réclamation

Le non-respect de la délivrance de l'information prévue par les articles L. 223-3 et R. 223-3 du code de la route est également invoqué parfois au stade de l'amende forfaitaire majorée. Si l'émission du titre exécutoire de l'amende forfaitaire majorée ne présage pas de sa réception par l'automobiliste (v. *supra* 2e situation), tel n'est plus le cas en cas de paiement de l'amende forfaitaire majorée. Ce règlement implique nécessairement qu'il a préalablement reçu l'avis de contravention d'amende forfaitaire majorée et ce formulaire est considéré comme étant revêtu des mentions portant à sa connaissance l'ensemble des informations requises *(▪ Cons. d'Et. 6 août 2021, n° 442383 ▪ Cons. d'Et. 31 déc. 2019, n° 428487).*

La protection jurisprudentielle du droit à l'information est donc primordiale car, dès l'instant où elle s'opère, elle permet au conducteur d'évaluer les conséquences de ses choix sur la suite de la procédure.

2. Les options possibles et leurs conséquences

Le droit à l'information s'avère essentiel à l'aune des options offertes par la loi, au moment même de la constatation de l'infraction. En effet, si le conducteur décide de s'acquitter du paiement forfaitaire de l'amende, la perte de points devient inéluctable en vertu des dispositions de l'article L. 223-1 C. route. Ce paiement emporte reconnaissance de l'infraction. Le respect du droit à l'information revêt une importance fondamentale au regard de cette seule constatation, quand bien même il peut apparaître primordial en présence d'autres situations débouchant sur un retrait de points, à savoir l'exécution d'une composition pénale ou une condamnation définitive.

En dehors de ces deux hypothèses, un retrait de points reste cependant possible.

Quand le contrevenant ne règle pas l'amende forfaitaire ou ne conteste pas l'infraction, dans le délai imparti, il s'expose quand même à un retrait de points. La loi du 12 juin 2003 a confirmé qu'il était possible de retirer des points aux automobilistes qui ne payaient pas leur amende forfaitaire et qui s'abstenaient de la contester. L'amende forfaitaire est alors majorée. Dès lors que le ministère public, dans cette hypothèse, établit le titre exécutoire de l'amende forfaitaire majorée. Il devient alors possible de retirer le nombre de points correspondant à l'infraction reprochée.

En revanche, quand le conducteur ne paie pas l'amende parce qu'il use de son droit de réclamation, le retrait de points ne doit pas intervenir. Fort logiquement, aussi bien la jurisprudence administrative que judiciaire estime qu'un retrait de points motivé par l'existence du seul titre exécutoire du Ministère public ne convainc pas de la « réalité de l'infraction ». En conséquence, elle annule le retrait de points (par ex. pour les juridictions administratives ▪ *TA*

Poitiers 23 nov. 1995, Gaz. Pal. 11 avr. 1996.20, note F. Samson et X. Morin ▪ *TA Amiens, 8 févr. 1996, Worms c/ Ministère de l'intérieur et de la Aménagement du territoire* ▪ *TA Grenoble, 29 sept. 1997, Faure* ▪ *TA Rennes, 23 déc. 1997, Doudard* ▪ *TA Rouen, 27 mars 1998* ▪ *TA Versailles, 5 juin 1998, Burzynski c/ Préfet de l'Essonne, décisions citées in Gaz. Pal. 2-3 déc. 1998 ;* pour les juridictions judiciaires ▪ *TC Roanne, 15 juin 1998, Gaz. Pal. 2-3 déc. 1998, p. 16).*

B. Le rôle du juge judiciaire dans la perte de points

En l'absence de paiement volontaire d'une amende forfaitaire ou d'exécution d'une composition pénale, la condamnation par un tribunal est alors la condition préalable au retrait de points. La réalité de l'infraction avérée, le juge judiciaire laisse alors les autorités administratives effectuer de façon automatique le retrait de points.

1. Le parcours procédural devant le juge judiciaire

La compétence du tribunal amené à juger la violation des règles de la circulation routière dépend de la nature de l'infraction commise. Pour les contraventions passibles d'une perte de un à quatre points, la compétence est celle du tribunal de police, excepté pour le dépassement de la vitesse maximale autorisée de 50 km/h ou plus (art. 413-14 I C. route), pour la contravention d'atteinte involontaire à l'intégrité de la personne entraînant une incapacité totale de travail d'une durée inférieure ou égale à trois mois (art. R. 232-1 C. route et art. R. 625-2 C. pén.) et pour la détention ou le transport d'un détecteur de radar (art. R. 413-15). Ces trois derniers comportements sont sanctionnés par une amende de la cinquième classe de contravention (amende de 1500 €) et ils relèvent à ce titre de la compétence du tribunal de Police. Pour les délits (perte de six points), l'affaire est portée devant le Tribunal correctionnel.

Devant le Tribunal de police il faut savoir qu'une procédure simplifiée dite de l'« ordonnance pénale » est fréquemment utilisée (art. 524 et s. C. pr. pén.). Elle s'applique plutôt aux automobilistes qui n'ont pas d'antécédent judiciaire. C'est une procédure écrite et facultative qui a pour objectif principal de parvenir à un jugement rapide, sans que la personne poursuivie ait à se déplacer. Elle est particulièrement adaptée aux infractions en matière de circulation routière qui constituent un contentieux de masse. Le juge utilisera cette procédure si les faits reprochés à l'automobiliste sont bien établis et si les renseignements dont il dispose, notamment ses charges et ses ressources, sont suffisants pour permettre d'exécuter la peine. Toutefois, elle ne peut jamais s'appliquer si l'auteur de l'infraction est âgé de moins de dix-huit ans au jour de l'infraction (pour les contraventions les plus graves de la 5e classe) ou si la victime a formulé une demande d'indemnisation ou de restitution au cours de l'enquête ou encore si elle a fait citer directement l'auteur des faits devant la juridiction de jugement.

Le ministère public saisit le juge par voie de réquisitions écrites avec transmission du dossier. Le juge statue sans débat préalable (il peut ainsi prononcer une relaxe ou une condamnation à une amende). Dans les 10 jours le ministère public peut faire opposition et l'affaire est renvoyée devant le tribunal de police. La personne poursuivie, bénéficie quant à elle de plusieurs possibilités. Elle paie l'amende sous 30 jours ou elle ne se manifeste pas dans les délais. L'ordonnance pénale, dans ce dernier cas, acquiert force de chose jugée. Elle peut aussi faire opposition (le délai est de trente jours). Comme pour une opposition effectuée par le ministère public, le tribunal se trouve saisi et elle sera alors convoquée à une audience normale pour défendre sa cause.

La loi n° 2002-1138 du 9 septembre 2002 a étendu cette procédure d'ordonnance pénale au domaine des délits prévus par le Code de la route. Les deux cas d'exclusion du recours à cette procédure simplifiée prévus en matière de contravention concernent aussi les délits (l'auteur était âgé de moins de dix-huit ans au jour de l'infraction ou la victime a formulé une demande d'indemnisation ou de restitution au cours de l'enquête ou a fait citer directement l'auteur devant le tribunal). Au surplus, la procédure ne peut concerner les délits au code de la route qui s'accompagnent d'une contravention ou d'un délit d'homicide ou de blessures involontaires. Sur le strict plan procédural, il faut préciser que, pour la procédure d'ordonnance pénale en matière de délit, le délai de contestation pour le condamné est de quarante-cinq jours (au lieu de trente jours en matière de contraventions). L'ordonnance prise par le juge est portée à la connaissance du condamné par lettre recommandée avec demande d'avis de réception. Si l'avis de réception ne permet pas de s'assurer que l'intéressé a reçu la lettre de notification, son opposition reste alors valable pendant trente jours à compter du moment où il a appris, par quelque moyen que ce soit, l'existence de la condamnation.

Une fois la décision rendue par le Tribunal de police ou par le Tribunal correctionnel, une faculté d'appel est ouverte. L'intéressé peut toujours engager une procédure d'appel devant la Cour d'appel dont le Tribunal qui a jugé l'affaire en première instance dépend. Le délai est en principe de dix jours à compter du prononcé de la décision (art. 498 C. pr. pén.).

L'arrêt rendu par la Cour d'appel peut lui-même faire l'objet d'un pourvoi devant la Cour de cassation. Dans cette hypothèse, la plus haute juridiction de l'ordre judiciaire ne rejuge pas l'affaire sur les faits. Son rôle se borne à examiner les problèmes juridiques soulevés par l'affaire. Le délai pour se pourvoir en cassation est quant à lui de cinq jours (art. 568 C. pr. pén.). Indépendamment de la longueur du parcours procédural, le rôle du juge judiciaire reste marginal sur la question du retrait de points.

2. Les pouvoirs du juge judiciaire sur la perte de points

Parce que le retrait de points est exclusivement confié aux autorités administratives, le juge judiciaire n'a pas à intervenir dans le mécanisme de retrait. En réalité, ses pouvoirs peuvent quand même lui permettre d'exercer une influence détournée sur la suite de la procédure.

a) Le principe : les pouvoirs limités du juge judiciaire

Le dispositif du permis à points est complémentaire du dispositif législatif et réglementaire qui préexistait à son entrée en vigueur. Dès lors, indépendamment de la peine de retrait de points, un automobiliste peut se trouver condamné à d'autres sanctions.

Le juge peut choisir d'autres mesures qui vont venir se cumuler au retrait de points. Ainsi, l'annulation du permis de conduire peut être prononcée alors que le capital points n'est pas épuisé. C'est le cas, par exemple de l'infraction de conduite sous l'empire d'un état alcoolique caractérisé. L'annulation est possible pour une durée de trois ans au plus et ce délit emporte de plein droit une réduction de six points sur le permis (art. L. 234-1 et L. 234-2 C. route).

Une suspension judiciaire ou même administrative du permis est également envisageable. Ce cumul soulève par contre la question de la date à retenir pour la perte de points. Le choix existe pour faire démarrer la perte de points entre le jour où la condamnation devient définitive et celui où la suspension du permis est définitivement exécutée. La première solution doit s'imposer. Le retrait de points intervenant bien dès que la décision de condamnation devient définitive, c'est-à-dire « après épuisement ou abandon des voies de recours « circ. 11 mars 2004, n° I-1, préc.).

Le système du permis à points cantonne toutefois le juge judiciaire à un rôle subalterne, même s'il lui revient - et à lui seul - de connaître la réalité de l'infraction (par ex. vérifier la présence des éléments constitutifs de l'infraction, la qualité de conducteur du prévenu). Le juge administratif ne peut pas apprécier la réalité de l'infraction (▪ *Cons. d'Et. avis, 26 juill. 2006, Lebon, p. 377).* Une fois la culpabilité de l'automobiliste reconnue, le juge judiciaire ne dispose d'aucun pouvoir de moduler le nombre de points perdus. La perte de points lui échappe totalement. Elle résulte automatiquement de la condamnation pénale, selon un barème sur lequel le juge n'a pas d'emprise.

En dépit de l'intention du législateur de brider les pouvoirs du juge judiciaire sur le retrait de points, les automobilistes conservent quelques atouts pour atténuer la rigueur de l'automatisme de l'atteinte portée à leur capital points.

b) L'exception : la condamnation assortie d'une mesure de clémence

Le caractère automatique du retrait de points n'est pas antinomique avec le maintien d'une marge de manœuvre du juge judiciaire. Le prononcé d'une condamnation pénale n'assure pas systématiquement une perte inéluctable des points.

La clémence pour l'automobiliste peut tout d'abord provenir de l'application des dispositions des articles 132-58 et 132-59 du code pénal. En vertu de ces articles, le juge judiciaire conserve la faculté de dispenser le condamné de toute peine. Dans cette hypothèse, la dispense doit toucher la sanction de perte de points et enrayer tout retrait par l'autorité administrative. C'est la position adoptée par le Conseil d'état qui a estimé, à juste titre, qu'était fondée à demander l'annulation d'une décision de retrait de points, la personne qui a bénéficié d'une dispense de peine pour les faits dont elle a été déclarée coupable (▪ *Cons d'Et. 16 juin 2004, AJDA 2004, p. 1934, concl. D. Chauvaux ; D. 2005, note D. Père*) alors que la jurisprudence divergeait jusqu'alors (▪ *TA Toulouse 29 juin 1998, Barcelo, D. 2000. Somm. p. 116, obs. G. Roujou de Boubée ; Dr. pénal 1999, p. 69, obs. J.H. Robert ; Petites affiches, 1er mars 1999, n° 42, p. 15, note J.Y. Chabanne ; Contra* ▪ *CAA Paris 5 déc. 2000, ministre de l'Intérieur c/ Mme Lejeune, RFD adm. 2001, p. 507* ▪ *CAA Bordeaux 11 déc. 2001, Petites affiches 9 avr. 2002, n° 71, p.* 20).

Cette ligne jurisprudentielle est adoptée également par le juge judiciaire. L'automobiliste peut être exonéré de toute peine résultant de la condamnation, par le prononcé d'une dispense de peine, dès lors que les trois conditions requises par les Code pénal sont validées, à savoir que le reclassement du coupable soit acquis, le dommage réparé et que le trouble résultant de l'infraction ait cessé (pour un exemple en matière d'excès de vitesse ▪ *Cass. crim. 30 oct. 2012, n° 12-81.63*). L'exonération s'appliquera alors à la perte de points et la dispense aura autorité sur la décision de retrait de points prise par l'autorité administrative.

Une autre forme de clémence peut être aussi trouvée dans une décision d'ajournement du prononcé de la peine. Sur le fondement de l'article 132-63 du Code pénal, le juge judiciaire pourrait très bien décider d'ajourner le prononcé de la peine en exigeant du conducteur qu'il suive une formation spécifique de sensibilisation aux accidents de la route. Ces possibilités, bien réelles, ne doivent pas faire oublier que la configuration procédurale du retrait de points reste essentiellement administrative.

§ 2. La phase administrative

L'intervention des autorités administratives dans le processus d'érosion des points est essentielle. Lorsque la réalité de l'infraction est établie, il leur revient de signifier la perte de points à l'intéressé et, dans le cas d'une disparition totale des points, de s'assurer de la remise du titre de conduite. Le déroulement de la phase administrative répond à des exigences strictes tenant au contenu de la décision des pertes de points et à la notification du retrait du permis de conduire.

A. Les informations sur les pertes de points

Deux situations peuvent se présenter lorsqu'un automobiliste doit perdre des points à la suite de la commission d'une infraction. Soit la perte n'est que partielle et il dispose toujours d'un permis de conduire avec une partie du capital point entamée, soit il perd ses derniers points sur son permis de conduire. Le contenu de la décision portée à la connaissance de l'intéressé diffère quelque peu selon l'un ou l'autre cas.

1. La signification de la perte de points

Les règles à respecter pour l'information de l'automobiliste sur la perte de points s'accomplissent en deux temps. Il est averti dès le début de la procédure et, en principe, au moment même de la commission de l'infraction par l'agent verbalisateur des risques de perte de points (V. *supra*).

Pour cette raison, une fois la réalité de l'infraction établie, c'est-à-dire quand le retrait de points est effectif, la réglementation a simplifié au maximum les conditions d'information de l'intéressé. Le ministre de l'Intérieur est chargé de procéder à la réduction du nombre de points affecté au permis et il avise l'auteur de l'infraction par courrier simple (art. R. 223-1 III C. route). La procédure est plus lourde en cas de retrait total des points.

2. La décision de retrait du permis

La conséquence directe de la disparition des douze points qui composent le permis de conduire est d'aboutir à sa perte de validité (ou de six points pour les jeunes conducteurs). Une telle issue commande le respect de règles de procédure précises. L'auteur de l'infraction est informé de la perte totale de point par courrier du ministre de l'intérieur. A cette occasion, il est indiqué qu'il dispose d'un délai de dix jours francs pour restituer son titre de conduite au préfet du département de son lieu de résidence ou de la collectivité d'outre-mer (art. L. 223-5 et R. 223-3 *in fine* C. route).

A défaut de précisions plus abouties des textes, la jurisprudence fournit des indications complémentaires sur le contenu de l'injonction de restitution du permis. L'absence de rappel de l'ensemble des infractions qui ont conduit à l'annulation du permis pose interrogation. Faut-il considérer que l'unique mention de la dernière infraction suffit à justifier l'injonction de restitution du permis ou bien faut-il, au contraire, la considérer comme piètrement motivée, faute de viser l'ensemble des infractions qui ont concouru à sa perte de validité ?

La jurisprudence se montre peu linéaire sur ce point. La Cour de cassation a pu laisser entendre que la référence à la dernière infraction n'est pas de nature à violer les droits de la défense de l'intéressé. Pour la haute juridiction judiciaire, l'absence de mention des autres infractions est admissible car l'auteur de l'infraction a obligatoirement été déjà informé. Il a pris connaissance au moment de la constatation de l'infraction par l'entremise des forces de police ou de gendarmerie des risques de perte de points et, par la suite, par courrier du ministre de l'Intérieur, du retrait de point effectif (▪ *Cass. crim. 26 juin 1996, Bull. crim n° 277 ; JCP 1997.I.3998, chron. J.H. Robert ; Dr. pénal 1996, comm. 245, 1re espèce, obs. J.H. Robert ; Jurispr. Auto 1996.549 ; Gaz. Pal. 1997.1.296, note X. Morin et F. Samson* ▪ *Cass. crim. 12 mars 1997 (2 arrêts), Bull. crim. n° 98, Jurispr. Auto.277 ; Rev. sc. crim. 1997.830, obs. B. Bouloc ; Gaz. Pal. 1997.2.148 ; Dr. pénal 1997, comm. 97, obs. J.H. Robert* ▪ *Cass. crim. 21 janv. 1998, Jurispr. Auto 1998.229)*.

Cette jurisprudence présente l'inconvénient majeur d'éluder la réalité de la transmission de l'information consécutive à chaque perte de points. La signification du ministre de l'intérieur, parce qu'elle est effectuée par courrier simple, ne permet pas de garantir la réception systématique de l'information. Il n'est pas rare que certains automobilistes soient avisés d'une perte de points plusieurs mois (voire plusieurs années) après la commission de l'infraction. Quelques-uns ne reçoivent même jamais le courrier ou sont avertis en bloc de plusieurs pertes de points. S'il appartient au ministre de l'intérieur de procéder à une notification dans les meilleurs délais, la durée du délai n'emporte pas de conséquences sur la légalité de la décision de retrait de points *(▪ Cons. d'Et. Avis 20 juin 1997, n° 185323, AJDA 1997, p. 800 ; JCP 1998.I.125, n° 24, obs. Petit)*. Il est donc superflu d'invoquer à l'appui d'un recours contre la décision administrative de retrait de points le dépassement du délai de prescription de l'action publique fixé à un an en matière contraventionnelle *(▪ Cons. d'Et. 22 oct. 2014, n° 364635, JCP adm. 2014. Actu. 869 ; AJDA 2015, p. 22)*. En tout état de cause, il appartient bien à l'administration de rapporter la preuve de chaque notification de retrait partiel de points (par ex. ▪ *TA Besançon, 29 mai 1997, concl. C. Moulia, Petites affiches, 29 août 1997* ▪ *TA Grenoble, 26 janv. 2000, Gaz. Pal. 18 mars 2000.20).*

Plus heureusement, les juges du fond ont rapidement adopté une position plus protectrice des droits de la défense en exigeant une motivation minimale de la décision de retrait du permis. De nombreuses décisions ont exigé le rappel des différentes condamnations devenues définitives ou des amendes forfaitaires payées dont l'auteur de l'infraction a fait l'objet. A défaut de notification des décisions de retrait de points à l'occasion de chacune des infractions, la décision de restitution du permis du préfet est entachée d'illégalité (*par ex. pour les juridictions administratives* ▪ *TA Limoges, 23 mai 1997, M.P. c. préfet de la Haute-Vienne, RJ Centre Ouest, 1998, p. 210 ; comp.* ▪ *TA Nantes, 6 déc. 1996, Dubuquoi, Petites affiches, 15 janv. 1997, n° 7, p. 18 et pour les juridictions judiciaires* ▪ *CA Paris, 16 févr. 1996, Gaz. Pal. 1996, Jurisp.181).* La jurisprudence contraire de la Cour de cassation semble sans influence sur certaines juridictions du fond qui résistent (par ex. ▪ *CA Paris 4 juill. 1996, Dr. pénal 1996, comm. 245, 2e espèces, obs. J.H. Robert* ▪ *CA Riom, 12 sept. 1996, Gaz. Pal. Jurisp.122* ▪ *CA Versailles 12 juin 1997, Gaz. Pal. 1998, Jurisp.116).*

Il est vrai que l'absence de référence aux différentes infractions est à confronter aux dispositions de la loi du 11 juillet 1979 relative à l'obligation de motivation des actes individuels défavorables et à celles de la loi du 12 avril 2000 relative aux relations des citoyens avec les administrations.

Le Conseil d'Etat a rendu plusieurs avis sur cette question de la motivation de chaque retrait de points. Ces avis permettent de préciser que le requérant peut toujours, à l'occasion de la contestation de la décision préfectorale, dénoncer l'illégalité de chaque décision administrative antérieure de retrait de points (▪ *Cons. d'Et. avis, 20 juin 1997, D. 1997.IR., p. 172 ; AJDA 1997, p. 800 ;* ▪ *Cons. d'Et. avis 28 juill. 2000, préc.).* Le Conseil d'Etat pose cependant comme exigence que le délai de recours contentieux de droit commun contre ces décisions n'ait pas expiré (ce délai est de deux mois). Or, sans preuve pour l'administration de la notification, le délai ne peut pas courir. Cette interprétation a été confirmée, si besoin en était. Le conseil d'État considère que, lorsque l'administration n'est pas en mesure de prouver qu'elle a envoyé à l'automobiliste les informations sur les retraits de points effectués, cela ne conduit pas à invalider ces pertes de points. Néanmoins, il est alors possible, pour le requérant, de contester à tout moment la régularité des retraits de points car en l'absence de preuve de la notification, le délai de contestation n'a pas commencé à courir (▪ *Cons. d'Et. 5 déc. 2005, Jurisp. Auto 2006, p. 25).*

Allant au-delà même de cette jurisprudence, deux décisions de cour administrative d'appel ont renforcé un peu plus les droits de l'automobiliste. Il a été jugé qu'à défaut d'être averti de la perte de points une fois qu'elle devient effective, celle-ci lui est inopposable (▪ *CAA Paris 4 avr. 2006, Jurisp. Auto 2006, p. 337*). Plus explicitement encore, il a été estimé que tant que le prévenu n'avait pas reçu d'information sur le retrait de points, l'arrêté d'invalidation ne pouvait être considéré comme valable (▪ *CAA Bordeaux 21 févr. 2006, Jurisp. Auto 2006, p. 397).* En somme, ces arrêts reviennent à considérer que l'automobiliste conserve ses points jusqu'à ce que l'administration prouve qu'elle a effectué une notification des retraits. Prenant sans doute acte de ces jurisprudences, le conseil d'État a invité l'administration à fournir, avec la décision d'invalidation du permis de conduire, un relevé « qui récapitule les retraits de points consécutifs aux infractions précédemment commises » (▪ *Cons. d'Et. avis 26 juill. 2006, n° 292829 ; AJDA 2006, p. 1525 ; Jurisp. Auto 2006, p. 518).* Relevons par ailleurs que si la notification doit mentionner les voies et délais de recours, leur absence n'enlève pas le caractère définitif de la perte de validité du permis pour solde de points nul quand le prévenu se prévaut pour la première fois en cassation du caractère irrégulier de la notification de la décision (▪ *Cons. d'Et. 3 févr. 2022, n° 450896).*

Il va donc de soi qu'en l'absence totale de preuve de notification que l'automobiliste peut se trouver en situation de récupérer les points perdus au terme des délais légaux.

☞ *« N'ayant pas reçu notification de cette décision et n'ayant pas commis d'infraction ayant entraîné retrait de points pendant trois ans [deux ans aujourd'hui] à compter de la date du paiement de la dernière amende forfaitaire, l'automobiliste s'est trouvé remplir les conditions prévues par les dispositions précitées pour bénéficier d'une reconstitution intégrale de son capital de points »* (▪ *Cons. d'Et. 17 févr. 2016, n° 380684).*

La Cour de cassation s'est, elle aussi, prononcée sur la notification par courrier des pertes successives de points. Dans un avis du 30 avril 2007, elle a estimé qu'il n'était pas nécessaire pour l'administration de récapituler l'ensemble des retraits de points successifs dans la décision de retrait du permis *(▪ Cour Cass. avis du 30 avril 2007, Dr. pénal 2007, comm. 102, obs. J.H. Robert ; D. 2007, p. 1421 ; note . A Darsonville*).

Seulement, depuis le 1er janvier 2008, l'article R. 223-3 du code de la route prévoit très clairement que le ministère de l'intérieur est tenu d'informer par lettre simple les conducteurs qui ont commis une infraction entraînant un retrait de points, lorsqu'il leur reste encore des points sur le permis ou, à la demande de l'intéressé, par voie électronique en lieu et place de la lettre simple (art. R. 223-3-1 C. route). L'information doit être effectuée par lettre recommandée avec demande d'avis de réception quand il s'agit de la perte des derniers points du permis de conduire. Il faut souligner que, de surcroît, le ministre sera tenu de récapituler dans sa lettre, les précédents retraits de points. Cette nouvelle exigence est bien évidemment de nature à renforcer l'information reçue par les automobilistes. Néanmoins, la chambre criminelle semble bien maintenir une protection *a minima* des droits de l'automobiliste en n'imposant pas, à peine de nullité, le récapitulatif des précédents retraits de points (▪ *Cass. crim. 28 sept. 2008, Jurisp. Auto 2008, p. 653 ; V. aussi Cass. Avis 6 oct. 2008, préc.),* qui invite à saisir sur ce point plutôt le juge administratif. Toutefois, comme depuis 2008, la décision informant du retrait des derniers points est censée contenir un récapitulatif de chaque retrait antérieur de points celle-ci a pour effet de les rendre opposables aux intéressés. L'automobiliste dispose alors d'un délai de deux mois pour contester la légalité des retraits de points récapitulés devant le juge administratif.

Au-delà de la présence ou non du récapitulatif des précédents retraits de points, c'est la question du choix de l'envoi en courrier simple de chaque retrait de points et en courrier recommandé avec accusé de réception de l'ultime retrait de points qui se pose. Ce sont d'évidentes raisons financières qui imposent une notification par lettre simple. Seulement, comme l'administration ne peut quasiment jamais prouver que l'automobiliste a véritablement été informé et préciser une date de notification, le délai de recours court toujours. En conséquence l'automobiliste conserve la faculté de contester l'illégalité de chaque retrait de points jusqu'au moment de la réception de la décision 48 SI du ministre de l'Intérieur qui notifie l'ultime retrait de points. Il est évident, à ce moment-là - généralement plusieurs années après le premier retrait de points -, que les vérifications de la régularité des procédures préalables à chaque décision de retrait sont extrêmement difficiles à accomplir. Pour tempérer ces difficultés réelles, l'administration « sécurise » désormais le retrait des 6 premiers points (3 points en cas de permis probatoire), en le notifiant par courrier recommandé (lettres dites 48 M et 48 N pour les permis probatoires).

Notons encore, que tous les conducteurs disposent aujourd'hui d'une possibilité de consultation sur internet (https://mes-points.permisdeconduire.gouv.fr) du nombre de points figurant sur leur permis de conduire (Art. R. 225-6 C. route).

Quoi qu'il en soit, la notification finale de la perte des derniers points sur le permis, par courrier recommandé avec accusé de réception, ne lève pas toutes les difficultés. Ainsi, plusieurs cas de figure méritent d'être cités.

En premier lieu, en cas de changement d'adresse du titulaire du certificat d'immatriculation le conseil d'Etat estime qu'aucune obligation de déclaration de ce dernier n'existe. La seule obligation prévue par les textes concerne la carte grise *(• Cons. d'Et. Avis, 18 sept. 2009, n° 327027 ; D. 2009, p. 2346, obs. C. de Gaudemont ; Dr. Pénal 2010, n° 20, obs. JH. Robert*). En conséquence, la notification d'un pli recommandé arrivant à une ancienne adresse ne fait pas courir les délais de recours.

En deuxième lieu, en cas de pli distribué à la bonne adresse en l'absence de l'intéressé et de retour à l'administration au terme du délai de mise en instance (retourné à l'administration avec mention non réclamé-retour à l'envoyeur), les pièces versées au débat par l'administration doivent contenir plusieurs informations. « Doit être regardé comme portant des mentions précises, claires et concordantes suffisant à constituer la preuve d'une notification régulière le pli recommandé retourné à l'administration auquel est rattaché un volet « avis de réception » sur lequel a été apposée par voie de duplication la date de vaine présentation du courrier, et qui porte, sur l'enveloppe ou sur l'avis de réception, l'indication du motif pour lequel il n'a pu être remis » (▪ *Cons. d'Et. 24 avr. 2012, n° 341146, AJDA 2012, p. 1606)*. L'administration doit produire une copie de l'enveloppe de la lettre en recommandé avec accusé de réception, qui comporte la date de présentation de la lettre et une mention manuscrite « absent avisé ». Cette dernière permet de s'assurer que l'intéressé a bien été avisé de la mise en instance du pli au bureau de poste. Si ces indications sont présentes, le délai de recours de deux mois court à compter de la date de présentation du pli, dans l'hypothèse où il n'est pas retiré (▪ *CAA Paris 16 mars 2010, n° 09PA04071* ▪ *CAA Paris 16 mars 2010, n° 09PA03940*). S'il n'est pas établi, en revanche, par les pièces versées au débat par l'administration que l'intéressé ait été avisé par le service postal de la mise en instance du pli à un bureau de poste, la présentation du pli ne fait pas courir le délai de recours contentieux (▪ *CAA Paris 8 févr. 2010, n° 08PA04381* ▪ *CAA Versailles 11 mars 2010, n° 09VE03343*). En pratique, il arrive assez fréquemment que le ministre ne puisse pas prouver le jour de départ du recours, soit parce que la date est illisible soit parce que la mention « avisé de la mise en instance du pli » n'est pas renseignée, comme dans cette affaire.

En troisième lieu, pour un pli distribué à la bonne adresse qui comporte la signature d'une tierce personne, faute pour l'intéressé d'établir que la personne qui a réceptionné et signé le pli litigieux n'avait pas qualité pour ce faire, la notification fait courir le délai du recours contentieux à l'encontre du requérant *(▪ CAA Lyon 21 avr. 2011, n° 11LY00207)*.

En quatrième lieu, lorsque le pli est distribué à la bonne adresse et que la signature est usurpée, l'irrégularité de la notification peut être constatée par le juge administratif. Toutefois, il convient de s'assurer de la réalité de l'usurpation en apportant la preuve contraire et en établissant par exemple que la signature apposée sur l'accusé de réception n'est pas la sienne (par ex. constat d'huissier montrant que la signature figurant sur l'avis de réception est différente de celle figurant sur la carte d'identité de l'automobiliste et que la signature avait également été contrefaite sur un certificat de cession d'un véhicule). Dans ce cas, il existe un « faisceau de preuves concordantes » suffisant pour considérer que l'intéressé n'a pas reçu la décision ministérielle d'annulation du permis *(▪ CAA Nancy 17 oct. 2011, n° 11NC00483, Jurisp. Auto. 2012, obs. J.B. le Dall)*. Il ne semble donc pas que cette jurisprudence puisse se transposer à toute signature simplement « douteuse ».

En cinquième lieu, il suffit que l'adresse à laquelle est envoyée la notification corresponde à une résidence de l'intéressé. Ainsi doit être considérée comme régulière la notification effectuée à l'adresse d'une résidence secondaire (*▪ Cons. d'Et. 29 janv. 2014, n° 356812, AJDA 2014, p. 258)* ou à l'adresse du cabinet professionnel qui figure sur le certificat d'immatriculation, alors même que cette adresse n'est pas celle du domicile de l'intéressé (*▪ Cons. d'Et. 4 nov. 2015, n° 373930, JCP adm. 2015. Actu. 941 ; AJDA 2016, p. 349)*.

En sixième et dernier lieu, s'agissant des personnes dépourvues de domicile, la notification peut être effectuée à l'adresse déclarée à l'administration et où l'intéressé est susceptible de recevoir son courrier telle que par exemple l'adresse mentionnée sur la carte d'identité ou sur le livret spécial de circulation (*▪ Cons. d'Et. 31 mars 2017, n° 389769, AJDA 2017, p. 1260 ; JCP Adm. 2017 actu. 298)*, sauf à établir que la personne ayant reçu le pli à l'adresse indiquée déclarée à l'administration n'avait pas qualité pour recevoir un tel pli (*▪ Cons. d'Et. 10 juill. 2017, n° 402566, Gaz. Pal. 3 oct. 2017, p. 45)*.

L'information des automobilistes sur les pertes de points générés par la commission d'une infraction au code de la route est, on le voit, un élément essentiel au respect des droits de la défense. Ceci est d'autant plus vrai que les effets de la notification ne sont pas sans influence.

B. Les effets de la décision de retrait du permis

La notification de la décision de retrait du permis s'avère capitale à plusieurs égards. Elle intervient surtout après la commission de l'infraction. Entre ces deux occasions, il faut choisir laquelle va déterminer la perte réelle du permis de conduire sachant que la notification peut revêtir d'autres formes que celle prévue par la loi.

1. L'incidence de la notification sur l'annulation du permis

Seule la notification prévue par l'article L. 223-5 C. route est de nature à entériner la perte totale de points. Si l'auteur de l'infraction n'est pas effectivement informé de la perte de validité de son permis il est censé toujours en disposer. S'il est avisé par l'autorité administrative de la disparition de tous les points, il est tenu en outre de le remettre au préfet. En cas de refus, il s'expose à des poursuites pour refus de restitution du permis (art. L. 223-5 III C. route). L'invalidation du permis de conduire entraîne nécessairement la suppression du droit de conduire (▪ *Cass. crim. 21 juin 2011, n° 10-85.554*).

Les décisions portant retrait de points d'un permis de conduire ne sont opposables au titulaire de ce permis qu'à compter de la date à laquelle elles lui sont notifiées. Tant que le retrait de l'ensemble des points du permis ne lui a pas été rendu opposable, l'intéressé peut prétendre au bénéfice des dispositions de l'art. L. 223-6 du code de la route. Il peut ainsi suivre un stage de récupération de points. Il convient néanmoins de bien distinguer entre opposabilité et effectivité du retrait de points (▪ *Cons. d'Et. 29 sept 2023, n°461479*). Il en résulte qu'une décision portant retrait de points d'un permis de conduire n'est pas encore opposable au titulaire de ce permis, faute de lui avoir été notifiée, mais le retrait est, lui, effectif dès la date de cette décision. Dès lors, quand l'intéressé suit un stage entre la date de retrait de points et sa notification, le retrait doit être pris en compte dans la détermination du solde de points du permis avant d'ajouter la récupération de points attachée à l'accomplissement du stage.

✎ *Exemple. Dans le cadre d'un permis probatoire (infraction entrainant une perte de 2 points, puis 6 points avec une infraction du 17 mars 2017 et une décision de retrait du 3 août 2018, notifiée le 13 août). Les 7/8 août le titulaire du permis suit un stage et la décision du 3 août n'intègre pas le stage. Le retrait du 3 août n'était pas encore opposable faute de notification mais il était néanmoins effectif dès la date de cette décision. Du fait du retrait de 2 et 6 points, le solde était négatif de 2 points à la date du 3 août mais le stage du 8 août permet de récupérer 4 points, donc au final il en reste 2.*

Au-delà de l'incidence de la notification de la perte totale de points sur l'élément constitutif du délit de refus de restitution du permis, se profile une interrogation importante. Quelle date retenir pour l'annulation du permis ? Est-ce la notification qui détermine l'annulation du permis ou la commission de l'infraction entraînant le retrait des derniers points ? La distinction peut s'avérer salutaire pour l'automobiliste car si la deuxième hypothèse est retenue, il dispose plus longtemps de son permis.

Une fois encore, la jurisprudence se démarque par des décisions contrastées. Les juridictions administratives estiment majoritairement que l'annulation du permis n'est opposable à l'auteur de l'infraction qu'à partir de la date où la décision a été portée à sa connaissance par le ministre de l'Intérieur (avant 2008, cette notification était effectuée par le préfet). C'est donc la date de la notification qui prévaut (▪ *Cons. d'Et. 12 févr. 2021, n° 438246* ▪ *Cons. d'Et. 16 oct. 1998, Min. Int. c/ Jeandoux, Jurispr. Auto 1999.330. V. aussi* ▪ *Cons. d'Et. Avis n° 186323 à 185326 du 20 juin 1997, JO 23 juill. 1997 ; D. 1997.IR., p. 172).*

La Cour de cassation, de son côté, privilégie comme date d'annulation du permis le moment où l'intéressé a perdu ses derniers points, c'est-à-dire la date où la réalité de l'infraction a été établie. Dans une première affaire, la chambre criminelle a jugé que l'annulation du permis n'était opposable à l'intéressé qu'à la suite de l'injonction du préfet de restituer le titre de conduite (▪ *Cass. crim. 19 mars 1997, Dr. pénal, juill. 1997, comm. n° 97 ; Jurispr. Auto 1997, p. 276).* Mais, il s'agissait d'une espèce particulière où le requérant cumulait une perte de points avec une mesure de suspension du permis. Il avait obtenu du juge, pour les besoins de son activité professionnelle, une autorisation de conduire à certaines heures et il disposait dès lors d'un certificat de conduite qui se substituait au permis. La deuxième affaire se réfère aux dispositions de l'article L. 223-1 du code de la route pour décider que le titre de conduite perd sa validité « en raison de la perte de tous les points » (▪ *Cass. crim. 11 mars 1998, Jurispr. Auto 1998, p. 277 ; Gaz. Pal .1998, chron. dr. criminel, p. 120).* En conséquence, la notification administrative de la reconstitution de points grâce au suivi, par le prévenu, de stages de sensibilisation à la sécurité routière n'a aucun effet rétroactif, de sorte que l'infraction de conduite après injonction faite à l'intéressé de restituer son permis de conduire en raison du retrait de la totalité de ses points ne perd pas son fondement légal (▪ *Cass. Crim.* 7 déc.

2021, n° 21-82.729, *Dr. pénal 2022, n° 66, note J.H. Robert ; JCP 2022, p. 537, obs. S. Detraz*).

Cette dernière solution s'avère peu satisfaisante. En droit, il est vrai que l'article L. 223-1 al. 2 C. route dispose que « lorsque le nombre de points est nul, le permis perd sa validité ». Cet article peut certes laisser penser que la notification du dernier retrait de points prive l'automobiliste de son titre de conduite. Seulement sa lecture ne peut être dissociée du contenu de l'article L. 223-5 I C. route qui apporte d'autres éléments. Ce dernier article dispose que l'annulation du permis n'est effective qu'après l'injonction de restituer le permis de conduire au préfet. A cet instant précis, l'intéressé « perd le droit de conduire ». Si on s'en tient à cette précision, tant que l'injonction n'est pas advenue, l'automobiliste est toujours titulaire de son titre de conduite, fut-ce pour quelque temps seulement.

D'un point de vue pratique, la solution s'avère d'une portée limitée. Comme il a été déjà dit, la notification de chaque retrait de points est effectuée en principe par courrier simple. La réception de l'information par le destinataire n'est donc pas assurée. Et quand bien même elle le serait, il est impossible de se persuader d'une date précise. Les cas de figure où une certitude sur la date existe ne foisonnent pas. Cette éventualité se réalise toutefois quand le requérant accepte de payer l'amende forfaitaire afférente à la contravention qui entraînait la perte des derniers points sur son permis.

En somme, l'injonction de remettre le permis de conduire prévue par l'article L. 223-5 I du Code de la route est la seule à offrir, en toute hypothèse la garantie de la connaissance de la perte de validité du permis de conduire, y compris lorsqu'elle prend une autre forme que l'envoi d'un courrier recommandé.

2. Les formes recevables de la notification

Indépendamment de son contenu, la forme de la notification de la perte définitive du permis mérite quelques développements.

Lorsque l'intéressé refuse de remettre son permis, à la suite de la disparition totale des points, la notification du ministre de l'Intérieur permet d'enclencher le délit de non restitution du permis. La procédure de notification prévue par l'article L. 223-5 C. route, pour le dispositif du permis à points, doit s'effectuer par courrier recommandé. Mais d'un autre côté, l'article L. 224-17 C. route n'impose pas une forme déterminée de notification afin d'enclencher les poursuites pour délit de non restitution du permis.

Dans ces conditions, il n'est guère étonnant que la jurisprudence ne s'attache pas scrupuleusement à la forme de la notification. Le critère déterminant repose sur la connaissance par l'automobiliste de la mesure le concernant. Cette connaissance, dès l'instant où elle est effective, permet d'appliquer les dispositions de l'article L. 224-17 C. route. (▪ *Cass. crim. 23 mars 1992, Bull. crim. n° 122* ▪ *Cass. crim. 17 févr. 1998, D. IR., p. 116* ▪ *cass. crim. 29 juin 1977, D. 1977.IR., p. 391 ; Rev. sc. crim. 1978.332, obs. A. Vitu ; Jurispr. Auto 1978.121* ▪ *Cass. crim. 17 mai 1990, Bull. crim. n° 201 et* ▪ *Cass. Crim. 22 mai 1991, Bull. crim. n° 213, D. 1992, p. 509, note critique A. Fournier* ▪ *Cass. crim. 22 mai 1991, D. somm., p. 204, obs. P. Couvrat et M. Massé).*

En fait, aujourd'hui, le ministre informe les automobilistes en utilisant deux courriers types. Le premier correspond à la lettre dite 48 qui mentionne les retraits de points, pour chaque infraction commise et la décision dite 48 SI qui avise d'un dernier retrait, récapitule les précédents retraits et constate la perte de validité du permis de conduire.

Peu importe la forme ou la situation de fait qui a permis de dispenser l'information. Celles-ci peuvent s'avérer, dès lors, extrêmement diverses et répondre à l'exigence légale de notification requise par l'article L. 224-17 C. route. Elle se trouve ainsi remplie lorsque des gendarmes se rendent chez l'automobiliste et rédigent sur le champ un procès-verbal constatant le refus de l'individu de remettre son permis (▪ *Cass. crim. 14 mai 1991, Jurispr. Auto 1991, p. 409).* Une convocation envoyée par courrier, suivie d'une remise en main propre à la secrétaire de l'intéressé d'un nouvel avis invitant l'automobiliste à se présenter aux services de police est également admissible (▪ *Cass. crim. 17 nov. 1986, Jurispr. Auto 1987, p. 235*). Une notification simplement verbale peut même parfois suffire *(▪ Cass. 27 juin 1990, Jurispr. Auto 1990, p. 372* ▪ *Cass. crim. 22 mai 1991, Bull. crim. n° 213 ; D. 1992, obs. P. Couvrat et M. Massé).*

De façon générale, la notification n'est donc pas assujettie à une quelconque forme particulière. Néanmoins, c'est au ministère public d'apporter la preuve que la notification a bien été réalisée, de façon effective, auprès de l'automobiliste (par ex. ▪ *CA Rennes 25 avr. 1984, Jurispr. Auto 1985, p. 15).*

Au regard toutefois de la jurisprudence relative à l'article L. 224-17 C. Route, il convient de s'interroger pour savoir si l'injonction de remettre le permis de conduire pour défaut de points qui s'accomplirait sous une forme différente de l'envoi d'un courrier recommandé peut suffire, à partir du moment où l'intéressé dispose d'une connaissance effective de la mesure. La chambre criminelle, dans une décision récente, ne s'en contente pas. Elle estime qu'une notification de la perte totale des points par des gendarmes ne constitue pas une notification satisfaisante (▪ *Cass. crim. 13 sept. 2000, Dr. pénal 2000, comm. n° 139, obs. J.H. Robert).*

Il est intéressant par ailleurs de relever l'avis rendu par le Conseil d'Etat le 31 mars 2008 concernant l'éventuelle illégalité des décisions du ministre de l'Intérieur notifiant la perte de validité du titre de conduite en raison d'un solde nul de points. Celle-ci est effectuée par le biais d'un courrier automatisé, sur lequel est juste apposé le fac-similé de la signature du sous directeur à la sécurité à la circulation routière. Pour le conseil d'Etat ces décisions types permettent d'identifier l'auteur et « atteste que l'ensemble des informations qui y sont rapportées ont été enregistrées sous l'autorité et le contrôle du ministre de l'intérieur ». En conséquence, ces décisions sont parfaitement régulières (▪ *Cons. d'Et. 31mars 2008, n° 311095).*

Tant qu'une notification valable, n'est pas intervenue, la porte reste ouverte, pour l'intéressé, sur une reconquête partielle de son capital points. Une fois la notification effectuée, c'est devant le juge administratif qu'il devra contester toute irrégularité éventuelle.

C. Les recours devant le juge administratif

1. Les éléments de droit commun

La contestation de l'infraction génératrice de la perte de points est portée devant les juridictions pénales. Tous les manquements aux obligations procédurales concernant les droits de l'automobiliste relatifs aux retraits de points doivent être, quant à eux, dénoncés devant le juge administratif. Bien évidemment, l'introduction d'une requête devant le juge soumet l'automobiliste au respect du délai permettant d'exercer un recours contentieux qui court à compter de la notification de l'arrêté d'annulation du permis. Il ne peut en aucun cas se prévaloir de sa propre carence. Ainsi, s'il ne va pas chercher le courrier recommandé contenant la notification de l'annulation de son permis, cette dernière est considérée comme ayant été effectuée à la date de présentation du pli *(▪ CAA Paris 16 mars 2006, Jurisp. Auto 2006, p. 392).*

Le recours devant le juge administratif nécessite en principe de produire la décision attaquée. Néanmoins, il est concevable aujourd'hui de se contenter devant le juge administratif du relevé intégral d'information où le retrait est mentionné, en se prévalant de ne pas avoir reçu communication de la décision de retrait de point elle-même (▪ *Cons. d'Et. 19 juill. 2017, Gaz. Pal. 3 oct. 2017, p. 45.* Comp. ▪ *Cons. d'Et. 27 janv. 2010, n° 318919).*

☞ *Considérant que le titulaire du permis [...] ne peut se borner à produire le relevé d'information intégral issu du système national des permis de conduire où elle est enregistrée, mais doit produire la décision elle-même, telle qu'il en a reçu notification dans les conditions prévues à l'article R. 223-3 du code de la route ou, en cas d'impossibilité, apporter la preuve des diligences qu'il a accomplies pour en obtenir la communication*

Il n'en demeure pas moins qu'un requérant peut toujours soulever devant le juge administratif qu'il n'est pas l'auteur de l'infraction qui fonde une mesure administrative de retrait de points. Si un tel argument est invoqué, le juge doit bien évidemment en tenir compte et motiver sa décision en conséquence. Il ne peut se contenter de rejeter purement et simplement le recours au motif qu'il « ne contient aucun moyen de droit » *(▪ CAA Douai, 2 mars 2006, Jurisp. Auto 2006, p. 394).*

Les litiges portant sur le permis à points relèvent du plein contentieux (▪ *Cons. d'Et., avis, 9 juill. 2010, n° 336556 ; AJDA 2010, p. 2162, obs. D. Ginocchi V. aussi, CE 16 févr. 2009, n° 274000, AJDA 2009, p. 583, chron. S.J. Liéber et D. Botteghi ; RFDA 2009, p. 259, concl.*

C. Legras ; Constitutions 2010, p. 115, obs. O. Le Blot). Plusieurs conséquences peuvent être tirées de cette jurisprudence. Le juge administratif doit appliquer les dispositions d'une loi plus douce entrée en vigueur entre la date de la reconnaissance de la réalité de l'infraction portant retrait de points et celle à laquelle il statue. Ce faisant, il pourra substituer sa décision à celle de l'administration. Il est bien entendu que le juge ne dispose pas du pouvoir d'atténuer ou de supprimer le retrait qui résulte de l'application du barème correspondant à l'infraction considérée. Sous cette réserve, il peut donc annuler ou réformer la décision du ministre de l'intérieur en se conformant à un nouveau barème moins rigoureux. Il peut également annuler ou réformer le retrait de points, dans la mesure où, postérieurement à la commission de l'infraction, les dispositions qui la réprimait sont abrogées. Toutefois, « en cas de modification, postérieurement aux faits, de la règlementation routière applicable au lieu où l'infraction a été relevée, ni l'administration ni le juge n'ont à en faire une application rétroactive, dès lors qu'une telle modification des obligations résultant de cette réglementation n'affecte ni l'incrimination, ni la sanction ».

Avant que n'intervienne le décret 2016-1480 du 2 novembre 2016, en cas de recours gracieux, il avait été jugé que « le délai de deux mois imparti à l'intéressé pour saisir le tribunal administratif, qui avait été interrompu par la présentation d'un recours gracieux, ne pouvait courir à nouveau qu'à compter de la notification d'une décision expresse rejetant ce recours » (▪ *Cons. d'Et., 7 avr. 2016, JCP adm. 2016. Actu 344 ; AJDA 2016, p. 1549).* Cette solution n'est plus d'actualité car le décret susvisé à supprimé la référence au plein contentieux au sein de l'article 421-3, 1° du Code de justice administrative. Le délai de deux mois court donc indépendamment d'une notification d'une décision de rejet du recours gracieux.

2. Le référé suspension

L'article L. 521-1 du code de la justice administrative prévoit la possibilité d'assortir un recours en annulation d'une requête en référé demandant la suspension de la décision, à deux conditions : une situation d'urgence et un doute sérieux sur la légalité de la décision.

L'*urgence* n'est pas établie en cas de retrait de points, mais peut être caractérisée en cas de retrait de permis. Le juge établit un « bilan d'urgence » : il examine en quoi, d'un côté, il y a urgence à suspendre la décision en raison des conséquences désastreuses qu'elle aurait sur la situation personnelle, professionnelle, familiale de l'intéressé, et de l'autre, en quoi il y a urgence à exécuter la décision en raison de la gravité des motifs de retrait et des infractions commises (absence de degré de dangerosité du conducteur).

L'existence d'un *doute sérieux sur la légalité* de la décision implique l'existence d'un moyen d'illégalité de fond. Le Conseil d'État considère que le moyen tiré de l'inobservation de l'obligation d'information n'est pas de nature à créer un doute sérieux quand il repose sur les allégations du requérant et alors que l'administration produit une pièce qui montre que le requérant avait reçu les informations exigées pour l'une des sept infractions contestées. Il suffit donc d'un commencement de preuve. La solution est logique car l'on ne peut exiger de l'administration qu'elle produise toutes les pièces sous quelques jours.

☞ *« Le juge des référés du tribunal administratif de Paris a pu légalement estimer, eu égard à son office, que le moyen tiré de ce que M. X n'avait pas reçu l'information prévue par les articles L. 223-3 et R. 223-3 du code de la route n'était pas propre à créer, en l'état de l'instruction, un doute sérieux quant à la légalité de la décision du préfet de police, dès lors qu'il reposait sur les seules assertions du requérant, lesquelles étaient utilement contestées par le commencement de preuve apporté par l'administration, et a porté sur la valeur probante des pièces du dossier une appréciation souveraine exemple de dénaturation » (▪ Cons. d'Et. 7 décembre 2005, n° 280985).*

Invoquer devant le juge des référés un doute sérieux sur la légalité tenant à l'omission de la formalité d'information de l'automobiliste sur le retrait de point encouru prévue par les articles L. 223-3 et R. 223-3 du code de la route pourrait s'avérer peu fructueux. Il suffit maintenant à l'administration de produire le relevé d'information intégral pour satisfaire à cette exigence (cf. *supra*, p. 45). Néanmoins, si elle n'est pas en mesure de produire le relevé, la charge de la preuve du respect des formalités d'information lui incombant, le juge pourra toujours conclure à la présence d'un doute sérieux quant à la légalité de l'acte attaqué (▪ *Cons. d'Et. 15 oct. 2012, n° 358725).*

Sous ces réserves, le référé peut donc toujours être exercé avec succès devant le juge administratif pour obtenir la suspension du retrait du permis de conduire, quand ce dernier est essentiel à l'exercice d'une profession (V. à propos d'un chauffeur de taxi qui a commis 11 infractions lui ayant fait perdre ses points ▪ *Cons. d'Et. 13 mars 2009, n° 322303 ;* pour un agent d'escale dans un aéroport qui exerçait à une distance importante de son domicile et à des horaires incompatibles avec l'usage des transports en commun ▪ *Cons. d'Et. 10 mars 2010, n° 332367* ou aussi pour un conseiller commercial au sein d'une concession automobile ▪ *Cons. d'Et. 15 oct. 2012, n° 358725*). Ce peut être le cas encore en rapportant des éléments de preuve tangibles relatifs à l'illégalité de la décision d'invalidation du permis (par ex. oubli de prendre en considération une récupération automatique de point ou un stage de sensibilisation à la circulation routière. Il appartient alors au juge des référés d'effectuer une distinction entre les procédures de retrait de points litigieuses et les procédures régulières ▪ *Cons. d'Et. 25 févr. 2011, n° 338692*).

En revanche il serait vain de penser obtenir en référé la suspension de la décision portant retrait de points si le caractère grave et renouvelé des infractions s'apparente à un comportement irresponsable et dangereux. Le juge pourra considérer alors que le retrait de point répond à des exigences de protection et de sécurité routière (ex. ▪ *Cons. d'Et. 16 juill. 2010, n° 337523* ▪ *Cons. d'Et. 30 déc. 2010, n° 343181).* Toutefois le juge des référés ne peut rejeter une demande de suspension en prenant en compte les exigences de la sécurité routière et le caractère répété des infractions sans rechercher si ces dernières présentaient un caractère de gravité. Ce dernier critère doit soutenir obligatoirement la motivation de rejet (▪ *Cons. d'Et. 4 mai 2023, n° 461895).*

⇨ *Un menuisier, gérant unique d'une SARL utilisait quotidiennement sans alternative, son véhicule professionnel pour se rendre sur des chantiers. Il avait commis des excès de vitesse inférieurs à 20 km/heure par rapport à la vitesse maximale autorisée, constatés pour la plupart au même endroit sur une route en ligne droite dont la vitesse maximale autorisée était ultérieurement passée de 90 km/heure à 80 km/heure, et ayant conduit à chaque fois à des retraits d'un point du capital de points de l'intéressé.*

Le conseil d'Etat a jugé que ces infractions « si elles étaient répétées, ne présentaient pas, dans les circonstances de l'espèce, un caractère de gravité qui justifierait de ne pas regarder comme remplie la condition d'urgence ».

Section 3. La reconstitution du capital points

Le système du permis à points est à double facette. D'un côté, le capital points s'érode à chaque commission d'une infraction, d'un autre côté, l'automobiliste peut regagner une partie des points perdus. Cette faculté est offerte sous certaines conditions. Elle concerne uniquement les conducteurs en possession d'un permis en cours de validité. Cela présuppose la présence d'au moins un point sur le permis. Partant, la reconstitution du capital joue automatiquement si l'automobiliste ne commet pas d'infraction pendant un temps déterminé (§ 1) ou s'il décide de suivre une formation appropriée (§ 2).

§ 1. L'écoulement du temps

Lorsque l'automobiliste ne commet pas d'infraction pendant un certain temps, il accède à une restitution totale ou partielle des points.

A. La restitution totale des points

A l'expiration d'un délai de deux ans, l'automobiliste peut retrouver ses points perdus. Cette possibilité est dépendante cependant de la gravité de l'infraction commise à l'origine de la perte de points. Elle s'applique en effet pour les contraventions les moins graves (art. L. 223-6 C. route). Pour les contraventions de la quatrième ou de la cinquième classe, ainsi que pour les délits, le délai est porté à trois ans (pour une application, ▪ *Cons. d'Et.* 21 nov. 2016, n° 392555, *AJDA. 2016, p. 2248; D. actu. 29 nov. 2016, obs. D. Poupeau ; JCP 2016. 1325).*

Pour bénéficier de la restitution automatique des points, l'intéressé ne doit pas commettre de nouvelle infraction sanctionnée d'une perte de points dans les deux ans (ou trois ans) suivant le paiement de l'amende forfaitaire, l'émission du titre exécutoire de la dernière amende forfaitaire majorée, l'exécution de la dernière composition pénale ou la dernière condamnation définitive (art. L.

223-6 C. route). Il retrouve alors l'intégralité du nombre de points initial, c'est-à-dire douze points.

✎ *Exemple : Le 15 février 2018 un automobiliste perd 3 points suite à un excès de vitesse de 35 km/h supérieur à la vitesse maximale autorisée (contravention de 4e classe). Ces 3 points devaient être récupérés le 15 février 2021. Mais, si le 19 avril 2020, l'intéressé perd à nouveau 3 points pour usage d'un téléphone tenu en main au volant, les points perdus (3+3) lui seront réattribués le 19 avril 2023 si, entre temps, il ne commet pas de nouvelle infraction entraînant un retrait de points.*

Le délai de deux ans n'est toutefois pas applicable aux titulaires d'un permis probatoire. Pour ces derniers, c'est donc toujours le délai de récupération de trois ans qui court sauf s'il entre dans les hypothèses de minoration de ce délai (art. L. 223-1 et L. 223-6 al. 1 C. route. V. *Supra, p. 13*).

La commission d'une infraction durant ce délai de deux (ou trois ans) n'empêche pas de tirer bénéfice de la restitution des points, à partir du moment où celle-ci n'est pas suivie d'une condamnation et d'un retrait de points. Ce sera le cas, par exemple, si l'automobiliste bien qu'ayant commis une infraction comprise dans le délai de trois ans, n'est pas encore jugé à l'expiration dudit délai. Toutefois, la restitution des points peut n'être alors que virtuelle ou temporaire. Si la procédure en cours se termine par une condamnation et un retrait de points avant que la décision de restitution intervienne, celle-ci ne pourra pas, à l'évidence, avoir lieu. Si la dernière infraction n'a pas été prise en compte à temps, par le système national des permis de conduire et qu'une décision de restitution est prise, celle-ci sera rapidement annulée (▪ *TA Orléans, 30 déc. 1998, Rev. jurid. Centre Ouest, 2000, p. 71, note N. Poulet-Gibot Leclerc).*

B. La restitution partielle des points

Le Code de la route prévoit des modalités spécifiques de récupération des points perdus. Elles s'appliquent soit aux infractions ayant entraînées le retrait d'un seul point soit à toutes les contraventions des quatre premières classes.

1. Le délai de six mois applicable aux infractions entraînant la perte d'un seul point

Il existe un délai spécifique de reconquête des points perdus pour les infractions qui emportent le retrait d'un seul point. Au terme d'un délai de six mois le point perdu est automatiquement recrédité, y compris pour les titulaires d'un permis probatoire (art. L. 223-6 C. route). Cette indulgence n'existe toutefois que si le titulaire du permis de conduire ne commet pas, dans cet intervalle de six mois, une autre infraction, elle-même passible d'un nouveau retrait de points. Le délai de six mois est apprécié selon les mêmes bases que pour le délai de deux ans (ou trois ans), examiné précédemment. Il court donc à compter de la date du paiement de la dernière amende forfaitaire, de l'émission du titre exécutoire de la dernière amende forfaitaire majorée, de l'exécution de la dernière composition pénale ou de la dernière condamnation définitive

☞ *Le délai de six mois court à compter de la date du paiement de l'amende forfaitaire, de l'émission du titre exécutoire de l'amende forfaitaire majorée, de l'exécution de la composition pénale ou de la condamnation définitive qui a établi la réalité de l'infraction et non pas à compter de la date de commission de l'infraction initiale (▪ Cons. d'Et. 7 juin 2024, n°490506).*

La circonstance que la réalité d'une autre infraction, commise avant le début de cette période de six mois, ait été établie au cours de celle-ci n'est pas de nature à faire obstacle à la restitution du point retiré *(▪ Cons. d'Et. 4 déc. 2017, no 402423, D. actu. 8 déc. 2017, obs. T. Pastor ; AJDA. 2017. 2385; JCP Adm. 2017. Actu. 831).*

2. Le délai de dix ans applicable à certaines contraventions

Une autre faculté de récupération automatique des points perdus figure à l'article L. 223-6 al. 3 C. route. Elle n'aboutit cependant qu'à une restitution partielle et ne s'applique pas à toutes les infractions.

Tout automobiliste peut récupérer automatiquement les points perdus à la suite de la commission d'une contravention appartenant à l'une des quatre premières classes du code de la route, à l'issue d'un délai de dix ans. Ce délai court à compter de la date à laquelle la condamnation est devenue définitive ou du paiement de l'amende forfaitaire. Les seules exceptions au bénéfice de cette disposition tiennent à l'épuisement du capital points qui entraîne une annulation du permis ou au fait d'avoir déjà obtenu une reconstitution automatique en l'absence d'infractions pendant deux ans ou encore au fait d'avoir bénéficié d'une récupération d'un point à l'issue d'un délai de six mois (v. *supra*). Ainsi et par exemple, comme l'infraction de non-respect de l'obligation d'arrêt à un feu rouge peut donner lieu à une amende forfaitaire, les points retirés à raison de cette infraction peuvent être réattribués de plein droit à l'expiration du délai de dix ans (▪ *Cons. d'Et. 15 mars 2017, n°395286, AJDA 2017, p. 1031; JCP Adm. 2017. Actu. 216).*

Cette reconstitution touche les contraventions des quatre premières classes du Code de la route, à savoir celles sanctionnées d'une amende dont le montant est inférieur ou égal à 750 €.

En dehors de ces possibilités, l'automobiliste désireux de reconstituer en partie son capital point doit se soumettre à une formation spécifique.

§ 2. Le suivi d'une formation spécifique

Le suivi d'une formation spécifique s'inscrit dans la logique préventive et pédagogique du dispositif du permis à points. Son fonctionnement ne répond pas seulement à des objectifs répressifs. Le suivi d'une formation spécifique doit responsabiliser les automobilistes. Son accès est donc largement ouvert et son intérêt renforcé par la perspective de regagner quelques points sur le permis à l'issue de la formation.

A. L'accès à la formation spécifique

L'accès à une formation spécifique est proposé aux conducteurs sous réserve du maintien de quelques points sur le permis. En d'autres termes, le permis ne doit pas avoir perdu sa validité. L'automobiliste ne doit pas avoir non plus suivi jusqu'à son terme une formation identique l'année précédente. La possibilité de reconstitution des points est en effet envisageable dans la limite d'une fois par an. Le délai doit courir un jour franc après la dernière journée de formation (art. R. 223-8 III C. route).

Ces conditions liminaires étant présentes, le suivi de la formation résulte généralement d'une participation volontaire. Dans une hypothèse, il s'avère toutefois obligatoire pour certains automobilistes. Les conducteurs qui possèdent un permis de conduire à titre probatoire (pendant trois ans ou pendant deux ans pour les titulaires du permis de conduire ayant suivi un apprentissage anticipé de la conduire ou dix-huit mois pour ceux ayant suivis une formation complémentaire) sont tenus de suivre la formation à la suite de la commission d'une infraction sanctionnée par une perte d'au moins trois points. L'intéressé dispose d'un délai de quatre mois pour suivre la formation (art. R. 223-4 C. route). Il en est avisé par courrier recommandé avec demande d'avis de réception. Le fait de ne pas accomplir la formation dans le délai imparti est sanctionné d'une amende de 750 €.

Sans distinguer entre son caractère facultatif ou obligatoire, la formation est dispensée par une personne physique ou morale habilitée. Elle doit recevoir un agrément du préfet du département, ou de l'autorité compétente du territoire ou de la collectivité territoriale d'outre-mer, du lieu d'implantation de leur activité (art. R. 223-5 al. 2 C. route). Les personnes habilitées sont, elles-mêmes, soumises à l'obligation de suivre une formation. Elle comprend une partie théorique organisée par le ministère chargé des transports et une partie pratique, placée sous son contrôle. La durée de la formation est d'un mois (art. R. 223-7).

La liste et les coordonnées des organismes agréés sont disponibles auprès des services préfectoraux. L'automobiliste conserve la liberté de suivre une formation en dehors même de son département de résidence (art. I-3.2 circ. 11mars 2004).

L'agrément est délivré ou retiré par le préfet après avis de la commission départementale de la sécurité routière (art. R. 411-10 et s. C. route). Cette commission comprend des représentants des services de l'Etat ; des élus départementaux désignés par le conseil général ; des élus communaux désignés par l'association des maires du département ou à défaut par le préfet ; des représentants des organisations professionnelles et des fédérations sportives ; des représentants des associations d'usagers. Elle est présidée par le préfet.

La délivrance de l'agrément ou son retrait répondent à des conditions identiques. La personne morale ou physique concernée doit satisfaire à une série d'exigences (art. R. 223-5 C. route). Elle est tenue, par exemple, de respecter un programme d'enseignement précis, de travailler avec des formateurs titulaires de diplômes spécifiques, de transmettre annuellement des documents précisant notamment les effectifs des stagiaires accueillis.

B. Les intérêts de la formation spécifique

La formation spécifique prévue dans le cadre du permis à points présente des intérêts multiples. Son programme doit sensibiliser les conducteurs aux dangers de la route de manière à renforcer la lutte contre l'insécurité routière. La formation permet encore de récupérer une partie des points perdus.

1. Le contenu de la formation

Afin de servir l'objectif de prévention et de pédagogie du système du permis à points, la formation dispensée comprend un programme de sensibilisation aux accidents de la route. Elle est payante, selon des modalités fixées par la personne formatrice (décret n° 2009-1678 du 29 déc. 2009) et dure au minimum seize heures réparties sur deux jours consécutifs. Son but est d'éviter la réitération des comportements dangereux (art. L. 223-6 et R. 223-6 C. route). Son coût est généralement compris entre 200 et 300 €.

La formation, sans distinction de son caractère obligatoire ou facultatif, comprend un premier module ayant pour objet de poser le cadre et les enjeux du stage de sensibilisation à la sécurité routière et un ou plusieurs modules spécialisés dont l'objet est d'impulser un processus de changement d'attitudes et de comportements chez le conducteur. Le programme peut inclure un entretien avec un psychologue et une séquence de conduite (C. route, art. R. 223-6). Une part de l'enseignement est consacrée aux facteurs généraux de l'insécurité routière (information globale sur le dispositif du permis à points, divulgation de statistiques sur l'insécurité routière, information sur les grands types d'infractions…). Une autre part, est tournée vers des enseignements plus spécialisés, destinés à mieux analyser certaines situations ou facteurs générateurs d'accidents de la route. Dans ce cadre, un enseignement est consacré à la vitesse (choix de la vitesse par le conducteur, analyse de cas d'accidents, analyse de l'infraction, rôle et contrôle de la sanction…) ; un autre est axé sur les problèmes générés par l'alcool et l'alcoolisme au volant (définition de l'alcool et de l'alcoolisme, influence de l'alcool dans la survenue des accidents de la route, information sur les principaux textes législatifs, présentation des instruments de dépistage et de mesure du taux d'alcoolémie…) ; un dernier s'applique à la conduite des poids lourds (présentation de statistiques, étude de la réglementation sociale en vigueur…). Au-delà des aspects bénéfiques indéniables que peut entraîner le suivi d'une telle formation, son principal atout, dans l'esprit de bon nombre de conducteurs, va pourtant résider ailleurs. Le suivi de la formation s'accompagne d'une récupération de points sur le permis.

2. Les effets de la formation

Le suivi de la formation spécifique doit ouvrir la voie de la reconquête de plusieurs points sur le permis, tant que l'intéressé n'a pas reçu de notification de perte de validité de son permis pour solde de points nul. Toutefois, le juge devra intégrer dans son calcul les pertes de points intervenues entre la date de la décision de retrait de points et sa notification.

« Si une décision portant retrait de points d'un permis de conduire n'est pas encore opposable au titulaire de ce permis, faute de lui avoir été notifiée, le retrait est néanmoins effectif dès la date de cette décision. Par conséquent, lorsque l'intéressé a, entre la date de la décision de retrait de points et sa notification, suivi un stage de sensibilisation à la sécurité routière, le retrait doit être pris en compte dans la détermination du solde de points du permis avant d'ajouter la récupération de points attachée à l'accomplissement du stage » (▪ Cons. d'Et. 29 sept. 2023, nº 461479).

A l'issue de la formation, sous réserve d'avoir suivi la totalité du stage, la personne agréée remet à l'automobiliste une attestation conforme à un modèle approuvé par arrêté. Celle-ci permet de récupérer quatre points et de reconstituer le capital de points attaché au permis de conduire dans la limite de douze points (six points pour les permis probatoires). Quinze jours maximum après la fin de la formation, un double de l'attestation est envoyé au préfet du département ou à l'autorité compétente du territoire ou de la collectivité territoriale d'outre-mer du lieu du stage. Sous un mois à compter de la réception de l'attestation, le capital points doit être réactualisé par l'autorité administrative. La reconstitution prend effet au lendemain de la dernière journée de stage (art. R. 223-8 III C. route). Dès lors, si le conducteur reçoit avant le dernier jour du stage notification d'une décision l'informant que son permis de conduire à perdu sa validité par suite de l'épuisement de son capital points, l'administration ne pourra procéder à la reconstitution de points acquis à l'issue du stage *(▪ Cons. d'Et. 12 févr. 2021, n° 438246)*. A l'évidence, il ne saurait y avoir de récupération de points à l'issue d'un stage effectué postérieurement à une notification de perte de validité du permis pour solde de points nul *(▪ Cons. d'Et. 21 oct. 2013, n° 370324, AJDA 2013, p. 2123)*.

On relèvera que l'omission par la personne agréée de certaines de ses obligations procédurales n'obère pas forcément la récupération de quatre points.

☞ *La méconnaissance par l'exploitant de l'établissement organisant des stages de sensibilisation des obligations procédurales (not. transmission au préfet, dans un délai de quinze jours à compter de la fin de chaque stage, des attestations délivrées ainsi que la feuille d'émargement ; absence de déclaration préalable au préfet par l'exploitant des intervenants mentionnés sur l'attestation ; absence de signature de l'intervenant psychologue sur la feuille d'émargement du second jour de stage alors qu'elle figurait sur l'attestation délivrée au requérant) est sans incidence sur la réalité, la durée ou le contenu du stage en cause, et n'est par suite pas de nature, à elle seule, à priver le requérant du bénéfice de récupération de quatre points sur son permis* (▪ *Cons. d'Et. 25 juin 2024, n° 467984)*.

Dans tous les cas cependant, la récupération des points est limitée par le plafond affecté au permis de conduire de son titulaire. Ainsi, pour un conducteur disposant initialement de douze points, après la restitution de quatre points, le permis de conduire ne pourra jamais dépasser douze points (art. R. 223-8 II C. route).

Les conducteurs novices, en contrepartie du suivi obligatoire de la formation (infractions sanctionnées d'une perte d'au moins trois points), sont dispensés du paiement de l'amende sanctionnant l'infraction (art. L 223-6 al. 3 et R. 223-4 C. route). Logiquement, les conducteurs novices doivent être avisés du caractère obligatoire du stage par lettre recommandée avec demande d'avis de réception pour tout retrait d'au moins trois points. Toutefois, si l'administration est dans l'incapacité de fournir la preuve de la notification par lettre recommandée avec avis de réception, cette absence est sans incidence sur la légalité de ce retrait (▪ *Cons. d'Et. Avis, 31 mai 2013, n° 366865, AJDA 2013, p. 1137* ▪ *Cons. d'Et. 22 oct. 2014, n° 364635, JCP adm. 2014. Actu. 869).* Si l'intéressé s'exécute et suit la formation, l'attestation fournie par l'organisme formateur est transmise dans le délai de quinze jours au comptable du trésor public du lieu de commission de l'infraction. Quand l'amende a déjà été acquittée, les justificatifs doivent être joints à l'envoi (art. R. 223-8 IV C. route). Si le conducteur novice ne suit pas la formation dans le délai de trois mois, il est condamné au paiement d'une amende correspondant aux contraventions de la quatrième classe (maximum 750 €, amende forfaitaire de 135 €). Il encourt, de surcroît, le prononcé d'une peine complémentaire de suspension du permis de conduire pour une durée maximale de trois ans. Il peut solliciter la mansuétude du tribunal et demander à ce que la suspension se limite à la conduite en dehors de l'activité professionnelle (art. R. 223-4 al. 2 et 3 C. route). Mais, en tout état de cause, le conducteur qui ne s'est pas soumis au stage prévu par cet article dès lors qu'il n'a jamais accusé réception de la lettre recommandée lui notifiant l'obligation d'effectuer le stage dans un délai légal maximum ne peut être condamné *(▪ Cass. crim. 24 nov. 2004, Jurispr. auto 2005, p. 85).*

§ 3. La récupération judiciaire

Il est clair, en cas d'illégalité de retrait de points résultant de la méconnaissance par l'administration de l'obligation d'information du contrevenant constatée par le juge administratif, que ce dernier pourra recréditer les points perdus *(▪ Cons. d'Et. Avis, 28 juill. 2000, n° 220301, D. IR. 241*).

Pour ce faire, le juge administratif va tenir compte des points illégalement retirés pour déterminer au jour où il statue si le capital point reste positif.

☞ *« Il appartient au juge administratif, saisi d'un recours pour excès de pouvoir contre une décision retirant un permis, de soustraire du total des points retirés au conducteur, qui peut être supérieur à douze, ceux qui l'ont été illégalement et de rechercher si, compte tenu de cette soustraction, le nombre de points qui peuvent être légalement retirés du permis est, au jour où il statue, égal ou supérieur à douze, ou égal ou supérieur à six pendant le délai probatoire prévu à l'art. L. 223-1 C. route. S'il apparaît, après cette opération, que le capital de points du conducteur n'a pas été totalement épuisé, le juge annule alors, pour illégalité, la décision du ministre déclarant la perte de validité du permis. En outre, l'exécution du jugement impliquera que l'administration reconnaisse au conducteur le bénéfice des points illégalement retirés à l'exception des cas où les motifs d'illégalité retenus par le juge ne font pas obstacle à ce que l'administration reprenne légalement la ou les mêmes décisions de retrait de points » (▪ Cons. d'Et. Avis 26 juill. 2006, n° 292829, AJDA 2006, p. 1525).*

Dans l'hypothèse où la décision du ministre de l'intérieur d'invalidation du permis pour défaut de point est annulée par le juge administratif, celle-ci est alors réputée n'être jamais intervenue.

☞ *« Pour déterminer si l'intéressé peut, en exécution du jugement, prétendre à la restitution de son permis par l'administration, il y a lieu de vérifier que son solde de points n'est pas nul, en tenant compte, en premier lieu, des retraits de points sur lesquels reposait la décision annulée qui n'ont pas été regardés comme illégaux par le juge, en deuxième lieu, des retraits justifiés par des infractions qui n'avaient pas été prises en compte par cette décision, y compris celles que l'intéressé a pu commettre en conduisant avec un nouveau permis obtenu dans les conditions prévues par l'art. L. 223-5, II, C. route, et, enfin, des reconstitutions de points prévues par les dispositions applicables au permis illégalement retiré » (▪ Cons. d'Et. 22 juill. 2016, n° 382251, AJDA 2016, p. 1783 ; JCP adm. 2017, p. 2053, obs. O. Le bot).*

S'il advient que le requérant qui obtient l'annulation de la décision du ministre constatant la perte de validité de son permis s'est vu délivrer entre temps un nouveau permis, il est tenu de restituer ce dernier pour prétendre récupérer le permis initial. En effet, personne ne peut disposer de plus d'un permis de conduire. Deux situations doivent être distinguées. Soit le jugement prononçant l'annulation mentionne une telle condition en indiquant un délai pour procéder à cet échange. Faute d'effectuer cet échange dans le temps imparti, l'intéressé sera regardé comme ayant définitivement opté pour la conservation du nouveau permis. Soit le jugement omet de préciser l'information. Saisie d'une demande d'échange du nouveau permis, l'administration doit alors faire droit à cette demande dans la mesure où le solde de points du permis initial n'est pas nul. En l'absence de toute demande d'échange, « il appartient à l'administration, lorsqu'elle constate la perte de validité du nouveau permis pour solde de points nul, de vérifier le solde de points du permis initial et si ce solde est positif, elle doit restituer ce permis à l'intéressé et si le solde est nul, elle doit lui notifier une décision constatant qu'il a perdu le droit de conduire » (▪ *Cons. d'Et. 22 juill. 2016, n° 382251, ibid*).

Le retrait du permis de conduire qui fait suite à des décisions de retrait déclarées illégales par le juge administratif constitue une faute et l'intéressé pourra chercher à mettre en jeu la responsabilité de l'administration. En réalité, il ne peut y avoir indemnisation si l'illégalité est seulement externe et le retrait fondé au fond. Généralement, en effet, le retrait de points puise son origine sur une faute de l'automobiliste et parce que la réalité de l'infraction commise par le titulaire du permis était présente. C'est donc une cause exclusive de son préjudice, quand bien même des retraits illégaux sont effectués par la suite. Il ne pourra alors obtenir une indemnisation (▪ *Cons. d'Et. 6 janv. 2006, n° 265688*). L'illégalité même d'une décision entérinant la perte de validité d'un permis, « au motif que les infractions en cause n'avaient pas donné lieu à une condamnation définitive établissant leur réalité, ne constitue pas non plus la cause des troubles subis par l'intéressé du fait de la perte du droit de conduire, dès lors que la perte de validité de son permis pouvait être fondée sur d'autres infractions déjà commises à la date de cette décision et alors même qu'à cette date l'administration n'avait pas encore enregistré ces infractions au relevé intégral d'information » (▪ *Cons. d'Et. 4 févr. 2019, n° 417558, AJDA 2019, p. 1445*).

Ce n'est finalement que si la réalité de l'infraction n'est pas vraiment établie que l'intéressé pourra obtenir réparation, sous réserve bien évidemment de justifier de son préjudice (*V*. à propos d'un retrait de points pour un cyclo moteur ▪ *Cons. d'Et. 14 oct. 2015, n° 374999* ou encore pour un retrait de point qui avait été annulé par le juge administratif donc en violation de l'autorité chose jugée ▪ *Cons. d'Et. 3 mai 2010, n° 327559*).

Section 4. La non-restitution du permis

Lorsque la procédure de retrait des derniers points du permis de conduire arrive à son terme, l'automobiliste est tenu de restituer son permis. En cas de refus, il devient passible du délit de non restitution de permis (§ 1). Mais, pour éviter l'issue de l'annulation du permis et donc la contrainte de sa restitution, des solutions légales peuvent être privilégiées (§ 2).

§ 1. Le refus de restituer le permis

La conséquence logique de la disparition de tous les points sur le permis de conduire est sa perte de validité. La finalité du système du permis à points, dans sa composante répressive, est de parvenir à sanctionner de manière progressive les automobilistes qui commettent de fréquentes entorses au Code de la route. Dès lors que le permis ne comprend plus de points, l'automobiliste perd le droit de conduire un véhicule.

L'annulation du permis pour défaut de points, ne laisse pas d'autre choix à l'automobiliste que de repasser ensemble des épreuves du permis de conduire. Au même titre que le novice de la route qui passe son permis pour la première fois, il devra subir aussi bien l'épreuve théorique que l'épreuve pratique prévue par l'article R. 221-3 C. route. Il devra, de surcroît, se soumettre à ses frais à un examen ou une analyse médical, clinique, biologique et psychotechnique. Celui-ci est pratiqué dans des centres agréés par le préfet et peut-être réalisé dès le début du délai d'interdiction de solliciter le permis (circulaire NOR : INTD0400031C du 11 mars 2004, n° I-2-3.

En toute hypothèse, l'automobiliste ayant perdu tous ses points, doit respecter un délai minimum de six mois à compter de la date de remise de son permis au préfet. Ce délai est même porté à un an lorsqu'un retrait de la totalité des points intervient dans un délai de cinq ans suivant le précédent (art. L. 223-5 C. route). Ce délai souligne la volonté du législateur de sanctionner plus sévèrement les conducteurs multiinfractionnistes. Il n'est donc pas envisageable de retrouver un permis de conduire avant l'expiration, selon les cas, d'un délai de six mois ou d'un an. Le texte interdisant « d'obtenir » un nouveau permis, l'intéressé peut dès lors engager des démarches préalables dans l'optique de récupérer le permis dès l'issue du délai imposé.

Toutefois, à titre dérogatoire, et dans le but de faciliter l'obtention d'un nouveau permis, une dispense de repasser l'intégralité des épreuves est possible sous réserve de respecter plusieurs conditions cumulatives. Tout d'abord, le conducteur doit être titulaire du permis de conduire depuis au moins trois ans, à la date de son invalidation. Cette condition exclut donc les conducteurs novices. Ensuite, l'interdiction de solliciter un nouveau permis à la suite de son invalidation doit être inférieure à un an. Ceci élimine donc les conducteurs qui ont perdu la totalité de leurs points dans un délai de cinq ans suivant une précédente invalidation du permis pour défaut de points (art. L. 223-5 C. route). Enfin, l'intéressé est tenu de solliciter un nouveau permis dans le délai de trois mois maximum à compter de la date à laquelle il est autorisé à le faire.

Quand l'automobiliste ne remet pas son permis invalidé par une perte de points au préfet, il s'expose à des poursuites délictuelles (V. pour une application ▪ *Cass. crim. 26 juill. 1996, Dr. pénal 1996, comm. n° 245, 1re espèce, note J.H. Robert)*. Le refus de restituer le permis est puni de deux ans d'emprisonnement et de 4 500 € d'amende. Outre ces deux peines, l'automobiliste peut être sanctionné de la peine complémentaire de suspension du permis de conduire pour une durée maximale de trois ans, d'une peine de travail d'intérêt général et d'une peine de jours-amende (art. L. 223-5 C. route).

Il est toutefois primordial que l'intéressé reçoive une notification de la perte de la totalité des points sur son permis par le préfet. A défaut, tous les éléments constitutifs de l'infraction ne seront pas présents. Il faut ajouter que l'annulation, par le juge administratif, d'un arrêté préfectoral qui portait cessation de validité d'un permis de conduire pour perte de points, prive les poursuites pour refus de restitution d'un permis invalidé, de fondement (▪ *Cass. crim. 26 mars 1997, Jurispr. Auto 1997.448)*.

Le refus de restituer son permis est d'autant plus condamnable qu'il existe, dans le cadre des dispositions relatives au permis à points, des moyens permettant d'éviter la perte définitive du titre de conduite.

§ 2. Les solutions pour éviter la restitution du permis

Quand il ne reste plus que quelques points sur le permis, la commission d'une infraction censée faire disparaître les ultimes points restants, peut ne pas aboutir à la perte du permis. Plusieurs solutions légales existent. Elles s'avèrent en adéquation avec le but pédagogique du système du permis ou découlent du nécessaire respect des droits de l'automobiliste.

Dans l'hypothèse de la commission d'une infraction qui fait perdre à l'automobiliste ses derniers points, d'autres solutions sont envisageables.

Avant la notification préfectorale de restitution du permis, l'automobiliste est un titulaire conditionnel du permis de conduire. La question de la date à laquelle le permis devient nul a déjà été abordée. En vertu de l'article L. 223-5 I du Code de la route, « lorsque le nombre de points est nul, le permis perd sa validité ». L'application de cet article équivaut, pour les juridictions administratives, à admettre que c'est au moment où l'autorité administrative effectue la notification de remettre le permis de conduire pour défaut de points que l'annulation du permis devient effective (V. par ex. ▪ *Cons. d'Et. 16 oct. 1998, Min. int. C/ Jeandoux, Jurispr. Auto 1999, p. 330)*. Comme cette notification intervient souvent quelques semaines, voire quelques mois après la reconnaissance de la réalité de la dernière infraction commise, l'automobiliste dispose entre temps de la possibilité de suivre la formation spécifique qui confère une récupération de quatre points sur le permis.

Après la notification préfectorale de restitution du permis, l'automobiliste ne peut plus échapper en principe à l'obligation de rendre son permis. L'introduction d'un recours devant les juridictions administratives ne change rien. Un cas de figure fait toutefois exception. L'automobiliste qui introduit un tel recours peut parfois obtenir du juge administratif, en référé, le sursis à l'exécution de la mesure d'annulation du permis lui évitant de purger un temps sans conduite avant que le tribunal ne statue sur son recours. En effet, en temps normal, les recours devant les tribunaux administratifs ne suspendent pas l'exécution de la notification de restitution du permis. Or, les délais de traitement des recours devant les juridictions administratives dépassent fréquemment deux ans.

Le sursis à exécution de l'annulation du permis peut intervenir lorsque des doutes sérieux sur la régularité de la procédure existent. Cette condition peut être remplie en présence d'une information défaillante ou d'un retrait de points antérieur au paiement de l'amende (V. par ex. ▪ *TA Lille 11 déc. 1997, Jurispr. Auto 1998, p. 177)*.

Enfin, l'automobiliste peut toujours escompter une mesure de clémence du juge judiciaire lors du prononcé de la condamnation pénale telle qu'une dispense de peine. Dans ce cas, le retrait de points sur le permis pourra être évité (V. *supra*). Cette influence du juge judiciaire sur la perte de points, aussi secondaire soit-elle, est estimable au regard des dispositions de la Convention européenne des droits de l'homme.

Section 5. Le trafic de points

Le développement du parc des radars automatiques entraîne une augmentation régulière du nombre de points perdus. Comme il s'agit d'infractions relevées sans interception du conducteur, des pratiques contestables ont vu le jour.

Lors d'une infraction matérialisée par un radar automatique, le titulaire du certificat d'immatriculation est responsable pécuniairement du montant de l'amende encourue. S'il s'acquitte du paiement de celle-ci, il reconnaît par cette seule action être l'auteur de l'infraction et il perd, en conséquence, des points sur son permis. Dans la mesure où il n'est pas l'auteur de l'infraction, il lui est loisible de désigner le véritable auteur. S'il respecte plusieurs conditions de forme (révéler l'identité, l'adresse et le numéro de permis de conduire de l'auteur), il ne perd évidemment pas de points et n'est redevable d'aucune amende. Pour cette raison, certains titulaires de certificat d'immatriculation ont pu être tentés de solliciter un tiers pour qu'il accepte d'être désigné comme le conducteur du véhicule, parfois moyennant une contrepartie financière.

Depuis la loi du 14 mars 2011 (loi n° 2011-467), de telles pratiques sont sanctionnées pénalement. Un nouveau délit a été créé. Il vient réprimer aussi bien celui qui achète des points que celui qui en vend. La proposition de vente ou d'achat de points est également répréhensible (art. L. 223-9 C. route). L'application des dispositions de ce texte étant conditionnées à la présence d'une rémunération (pour une application ▪ *CA Dijon, 5 févr. 2020, Dr. pénal 2020. Chron. 8, F. Gauvin)*, il faut en déduire que la personne qui accepte gratuitement d'être désignée comme conducteur ne peut se voir sanctionner.

Les peines principales encourues sont de six mois d'emprisonnement et de 15 000 € d'amende. Elles sont portées à un an d'emprisonnement et 30 000 € d'amende lorsque les faits sont commis de façon habituelle ou par la diffusion, par tout moyen, d'un message à destination du public. Des peines complémentaires sont au surplus prévues (suspension du permis pour trois ans au plus, peine de travail d'intérêt général, jours-amendes, interdiction de conduire certains véhicules terrestres à moteur, stage de sensibilisation à la circulation routière).

Section 6. Permis étrangers et permis à points virtuel

Le système du permis à points est applicable aux seuls permis français. Il est difficilement imaginable de pouvoir retirer des points sur un permis délivré par une autorité étrangère à raison d'infractions commises sur le territoire national. Il n'existe pas d'harmonisation et, si certains pays disposent d'un permis à points, le capital initial de points n'est pas forcément identique et les critères de retraits divergents. Pour autant, l'impunité dont bénéficient les titulaires d'un permis délivré par une autorité étrangère contrevient aux objectifs de sécurité routière et à l'égalité entre conducteurs. En fonction de l'origine du permis de conduire, les sanctions applicables seront différentes.

Pour rompre avec cette situation, le législateur français s'est inspiré de sources étrangères (not. le Luxembourg) pour mettre en place ce qu'il est convenu d'appeler un permis à points virtuel. La loi n° 2016-1547 du 18 nov. 2016 prévoit une mécanique virtuelle pour les titulaires d'un permis délivré par une autorité étrangère (art. L. 223-10 et L. 223-11 C. route), très largement voisine de celle prévue pour les permis français aux articles L. 223-1 et suivants du Code de la route.

Le titulaire d'un permis de conduire délivré par une autorité étrangère se voit affecter un capital de points. Partant, pour chaque infraction assortie d'un retrait de points, il perd de plein droit le même nombre de points que le titulaire d'un permis français, dans des conditions identiques. La réalité de l'infraction doit être établie conformément aux dispositions de l'article L. 223-1 C. route. Il peut récupérer les points perdus, en ne commettant pas de nouvelles infractions ou en suivant un stage à la sensibilisation à la sécurité routière, selon les critères prévus à l'article L. 223-6 C. route. S'il perd l'intégralité de points sur son permis virtuel et que le solde est nul, il se voit notifier une interdiction de circuler sur le territoire national pendant une durée d'une année. Le fait de conduire un véhicule sur le territoire national malgré la notification de l'interdiction prévue au dernier alinéa du II du présent article est puni de deux ans d'emprisonnement et de 4 500 euros d'amende et des peines complémentaires prévues à l'article L. 223-5 IV du Code de la route.

Finalement le titulaire d'un permis délivré par une autorité étrangère se trouve dans une situation équivalente au titulaire d'un permis de conduire français dont le permis serait invalidé à une nuance près. Pour ce dernier, l'interdiction de conduire court en principe pour six mois et il est tenu de repasser le permis pour pouvoir circuler à nouveau. Le titulaire d'un permis étranger devra patienter un an mais recouvrira ce droit automatiquement.

2

Les interdictions de conduire

La possession du permis de conduire peut être entaillée par plusieurs mesures restrictives des droits de son titulaire. Elles sont généralement consécutives à la commission d'une infraction au Code de la route et affectent, de façon plus ou moins temporaire, le droit de conduire un véhicule. La plus sévère, l'annulation (section 1) coexiste avec la suspension du permis de conduire (section 2), sa rétention (section 3) ou d'autres mesures de privations du droit de conduire (section 4). Une autre possibilité consiste à immobiliser le véhicule ayant servi à commettre l'infraction (section 5).

Section 1. L'annulation du permis de conduire

L'annulation du permis de conduire peut avoir deux origines différentes. Soit elle est prise par le préfet et il s'agit d'une annulation administrative, soit elle prononcée par une juridiction pénale et elle est alors qualifiée d'annulation judiciaire.

§ 1. L'annulation administrative

L'annulation administrative du permis de conduire est subordonnée au passage préalable d'un examen médical. Celui-ci peut notamment faire suite, à la demande du préfet, à un accident corporel de la circulation. Plus généralement, si des éléments conduisent le préfet à penser qu'un conducteur présente un état physique incompatible avec la conduite, il peut ordonner un examen médical et au vu des résultats, annuler le permis (art. R. 221-14 C. route). Statistiquement, ce type d'annulation du permis reste marginal car elle suppose que le préfet reçoive une information de la famille ou d'un médecin traitant. Elle est souvent supplantée par l'annulation judiciaire.

§ 2. L'annulation judiciaire

L'annulation judiciaire du permis de conduire s'applique de façon facultative ou automatique selon les infractions commises, sachant qu'aujourd'hui les délits les plus graves peuvent générer une mesure d'annulation judiciaire (par ex. atteinte involontaire à la vie ou à l'intégrité physique d'une personne, délit de fuite, récidive de conduite sous l'empire d'un état alcoolique commise en état de récidive ou de conduite après usage de plantes ou substances classées comme stupéfiants…).

En règle générale, l'annulation du permis de conduire est facultative et il appartient au juge judiciaire de prononcer une telle mesure. Dans ce cas, la durée maximale prévue par la loi est de cinq pour les délits punis d'une peine d'emprisonnement (art. 131-6 C. pén.). L'annulation du permis de conduire ne peut toutefois pas être prononcé par une juridiction à l'encontre du titulaire d'un permis de conduire étranger. Seule une interdiction de l'usage d'un permis étranger sur le territoire national est admissible (▪ *Cass. crim. 13 févr. 2007, n° 06-83.564*).

L'annulation du permis de conduire est parfois aussi automatique. Pour quelques infractions, le juge est tenu de condamner l'automobiliste à une peine d'annulation du permis. La marge de manœuvre du juge se cantonne au choix de la durée de l'annulation. Ce dernier ne peut même pas à éviter la sanction d'annulation du permis en arguant d'un motif qui lui semble valable comme, par exemple, un risque pour le prévenu de perte de son emploi de chauffeur routier (▪ *Cass. crim. 18 oct. 2006, Jurisp. Auto 2007, p. 17*).

Ainsi, le permis peut être annulé de plein droit avec interdiction de solliciter la délivrance d'un nouveau permis durant trois ans maximum en cas de récidive de conduite en état alcoolique ou après usage de stupéfiants ou pour refus de se soumettre aux vérifications de l'état alcoolique (art. L. 234-13 et L. 235-4 C. route). Il peut être annulé de plein droit encore avec interdiction de briguer la délivrance d'un nouveau permis de conduire pendant cinq ans au maximum en cas d'homicide involontaire ou de blessures involontaires par un conducteur sous l'empire de l'alcool ayant fait usage de plantes ou substances classées comme stupéfiants (art. L. 234-13 et L. 235-4 C. route). Il peut être annulé de plein droit, enfin, pendant dix ans au plus dans le cas de récidive du délit d'atteinte involontaire à la vie, commis simultanément avec un délit de conduite sous l'empire d'un état alcoolique, ou en état d'ivresse manifeste ou avec celui de refus de se soumettre aux vérifications destinées à montrer cet état (art. L. 224-15 al. 2 C. route) ou lorsqu'un homicide involontaire commis par un conducteur est accompagné d'une ou plusieurs circonstances aggravantes. En cas de récidive, la durée de l'interdiction est portée automatiquement à dix ans et le tribunal peut même, par décision spécialement motivée, condamner l'intéressé à une interdiction définitive de repasser le permis (art. 221-8 C. pén.).

Une fois la durée de l'annulation du permis expirée, le conducteur qui désire solliciter un nouveau permis de conduire est obligé de repasser la totalité de l'examen imposé aux conducteurs novices, à savoir aussi bien l'épreuve théorique (code de la route) que l'épreuve pratique (conduite). Préalablement il est tenu, de surcroît, de se soumettre à un examen médical et psychotechnique effectué à ses frais (art. L. 224-14). Par exception, le titulaire d'un permis depuis au moins trois ans à la date de son annulation qui est condamné à une annulation du permis pour une durée inférieure à un an est dispensé de repasser l'épreuve pratique. Il peut se prévaloir de cette disposition uniquement s'il sollicite un nouveau permis dans les neuf mois qui suivent la date à laquelle il est autorisé à le faire (art. R. 224-20).

§ 3. Le droit à réparation en cas de perte de points injustifiée

Lorsqu'un automobiliste obtient à la suite d'un recours devant le juge administratif une annulation de la perte de points, il devient possible d'obtenir réparation. Ce droit à réparation nécessite cependant d'apporter la preuve d'avoir subi un préjudice entre la décision de retrait de points et la décision d'annulation (par ex. frais engagés en vue de repasser le permis). Le droit à réparation ne peut prospérer, de surcroît, qu'en présence d'une décision de retrait de points illégitime au fond. En d'autres termes, si la décision illégale de retrait de points reposait sur un simple vice de procédure, le droit à réparation n'est pas ouvert (par ex. pour une décision d'annulation prononcée par le juge administratif car il n'était pas établi que les dernières décisions de retrait de points avaient été notifiées à l'automobiliste ▪ *CAA Douai 2 mars 2006, Jurisp. Auto 2006, p. 394).*

Comme la plupart des décisions d'annulation prononcées par le juge administratif sont le résultat d'un vice de procédure, ce n'est que rarement que l'automobiliste parviendra à obtenir réparation. C'est le cas, par exemple, lorsque la décision d'invalidation du permis est fondée notamment sur un retrait de points pourtant annulé par le juge administratif (*par ex. 2000 € octroyés au titre du préjudice subi pour une privation du permis durant cinq mois ▪ Cons. d'Et. 26 mai 2010, n° 327559*). Il peut aussi arriver que le retrait soit consécutif à une erreur de saisie dans le fichier national. Dans ce cas, encore, l'indemnisation ne fait pas de doute. Dans une décision où un permis avait été annulé alors qu'il restait un point sur celui-ci, le conseil d'Etat a jugé qu'un tribunal administratif ne pouvait rejeter la demande de réparation en disant qu'elle n'était pas justifiée. Le détail des sommes perdues et une attestation de l'expert-comptable devraient suffire pour obtenir réparation.

☞ *« Il ressort des pièces du dossier soumis aux juges du fond, d'une part, que dans sa demande préalable à l'administration, M. A avait détaillé les sommes qu'il réclamait et, d'autre part, qu'il avait produit devant la juridiction une attestation de son expert-comptable sur les pertes de bénéfice qu'il imputait à la privation de son permis de conduire ; qu'en l'état de ces éléments, le tribunal administratif ne pouvait, sans dénaturer les pièces du dossier, rejeter la demande dont il était saisi au motif qu'elle n'était pas justifiée ; que si en l'absence de production des factures correspondant aux divers frais dont M. A demandait le remboursement il s'estimait insuffisamment éclairé, il lui appartenait d'en demander la communication en faisant usage de ses pouvoirs d'instruction » ▪ Cons. d'Et. 3 mai 2012, n° 346706).*

Section 2. La suspension du permis de conduire

Tout comme l'annulation du permis de conduire, la mesure de suspension peut avoir une origine tant administrative que judiciaire.

§ 1. La suspension administrative

La suspension administrative du permis de conduire est une décision facultative décidée par le préfet du département (ou le sous-préfet) du lieu où une infraction au Code de la route a été commise (art. L. 224-7 et R. 224-19 C. route). Elle peut toucher aussi bien le conducteur d'un véhicule que l'accompagnateur du conducteur. Cette suspension est considérée traditionnellement comme l'expression d'un pouvoir de police administrative qui permet d'éviter que l'automobiliste ne viole, tout au moins pendant un certain temps, le Code de la route. Aussi, le conseil d'Etat assimile la mesure comme étant de nature préventive (▪ *Cons. d'Et. 19 mars 2003, D. 2003. IR. 1264 ; JCP 2003. IV. 2705).* Elle comprend une alternative qui peut consister pour le préfet à restreindre le droit de conduire d'un conducteur aux seuls véhicules équipés d'un dispositif homologué d'antidémarrage par éthylotest électronique (EAD), au lieu de suspendre son permis de conduire, lorsque ce conducteur a conduit sous l'influence de l'alcool (art. L. 224-2, L. 224-7 et R. 224-6 C. route).

La suspension administrative du permis de conduire a une durée maximale de six mois. En cas d'atteinte involontaire à l'intégrité physique susceptible d'entraîner une incapacité totale de travail ou à la vie, de délit de fuite, ou de conduite en état d'ivresse ou sous l'empire d'un état alcoolique cette durée est portée à un an. Pour les titulaires d'un permis de conduire étranger ou d'un permis international, il faut savoir que la suspension peut également s'appliquer (▪ *Cass. crim. 11 juin 1963, Bull. crim. n° 207 ; D. 1964, somm. 35).*

La décision de suspendre le permis de conduire est considérée comme une mesure de police qui revêt une nature préventive. A ce titre, elle emporte plusieurs garanties pour le justiciable. Elle doit être motivée et soumise au respect d'une procédure contradictoire, à moins que le préfet se prévale d'une situation d'urgence, à savoir « que le fait de différer la suspension de son permis pendant le temps nécessaire à l'accomplissement de la procédure contradictoire créerait des risques graves pour lui-même ou pour les tiers ». Faute de caractérisation de ces éléments, le préfet s'expose à l'annulation de l'arrêté attaqué.

☞ Annulation d'un arrêté de suspension à propos d'un requérant soumis à un dépistage salivaire de stupéfiant sans qu'il ne ressorte un taux élevé de tétrahydrocannabinol (THC), alors qu'antérieurement à ce contrôle il avait seulement fait l'objet d'un retrait d'un point pour excès de vitesse inférieur à 20 km/h (▪ *Cons. d'Et. 24 mai 2024, n° 474548).*

§ 2. La suspension judiciaire

La suspension judiciaire du permis de conduire est une peine qui peut être prononcée par le juge pénal, en plus d'une peine d'amende ou d'une peine d'emprisonnement. C'est pourquoi, la suspension judiciaire, tout comme d'ailleurs l'annulation ou l'interdiction de délivrance du permis, est qualifiée juridiquement de peine complémentaire.

La suspension judiciaire du permis de conduire est une mesure que l'on retrouve aussi bien dans le code pénal que dans le code de la route. Sa durée est de cinq ans au plus pour un délit et de trois ans au plus pour une contravention. La suspension du permis de conduire prononcée au titre de peine complémentaire, peut être assortie du sursis sauf lorsqu'elle concerne la conduite sous l'empire d'un état alcoolique ou en état d'ivresse (art. L. 234-1 et 2 C. route) ou pour refus de se soumettre aux vérifications destinées à établir la présence d'un état alcoolique (art. L. 234-8 C. route). Il n'existe pas d'obligation de motivation particulière de la peine de suspension judiciaire. Dès lors qu'une infraction est passible d'une mesure de suspension, le juge n'a pas besoin de justifier le recours à cette peine.

Traditionnellement, la suspension judiciaire du permis de conduire pouvait faire l'objet d'un aménagement, pour toutes les infractions prévoyant une suspension judiciaire du permis. Ainsi, le condamné pouvait être autorisé par le juge à conduire son véhicule durant la semaine à l'exclusion du week-end. C'est ce que l'on appelle, dans le langage commun, un permis blanc. L'automobiliste bénéficiant de cette mesure de clémence devait remettre son permis au greffe de la juridiction l'ayant condamné. En échange, il lui était remis un certificat de couleur blanche qui valait justification du droit de conduire, sous réserve bien évidemment de respecter les conditions posées par le juge.

Depuis la loi du 12 juin 2003 sur la violence routière, cette faculté a disparu pour les infractions les plus graves, à savoir pour les risques causés à autrui (art. 223-18 C. pén.) ; le délit de fuite (art. 434-55 C. pén.) ; l'homicide involontaire causé par un conducteur (art. L. 221-6-1 C. route) ; les blessures involontaires commises par un conducteur (art. L. 222-19-1 et 222-20-1 C. route) ; la conduite d'un véhicule à moteur malgré la suspension, la rétention, l'annulation du permis de conduire ou l'interdiction d'obtenir la délivrance de ce permis (art. L. 224-16 C. route) ; la conduite en état d'ivresse ou sous l'empire d'un état alcoolique et le refus de se soumettre aux vérifications destinées à établir cet état (art. L. 234-2 et L. 234-8 C. route) ; le dépassement, en récidive, de la vitesse maximale autorisée de plus de 50 Km/h (art. L. 413-1 C. route) ; la conduite après usage de plantes ou substances classées comme stupéfiants et refus de se soumettre aux vérifications destinées à établir cet usage (art. L. 235-1 et L. 235-3 C. route). Mais, bien que le permis blanc ait disparu pour ces infractions, l'aménagement de la suspension perdure envisageable, pour toutes les autres infractions considérées comme moins graves par le législateur. Le condamné doit en faire la demande au cours du jugement ou à l'issue d'un délai de six mois. Il peut ensuite, en cas de refus, renouveler cette demande tous les six mois. En cas de succès, il faut savoir que l'autorisation de conduite accordée est limitée à la conduite d'un véhicule pour les besoins de la profession de l'intéressé. En d'autres termes, il ne peut conduire un autre véhicule nécessitant l'obtention d'un permis. Ainsi, le conducteur autorisé à conduire un poids lourd en semaine, ne peut piloter un scooter pour lequel un permis de conduire est exigé (▪ *CA Limoges, 14 juin 2000, Jurispr. Auto 2001. 429).* En pratique, c'est l'agent chargé de l'exécution de la décision qui remet, en échange du permis, un certificat qui mentionne, entre autres, les modalités de l'aménagement. Au terme de la période le greffier de la juridiction restitue le permis à son titulaire contre remise du certificat (art. R. 131-4 C. pénal).

La double faculté d'annulation ou de suspension du permis de conduire (administrative par le préfet ou judiciaire par un juge) peut générer une certaine concurrence. La mesure prise par le préfet intervient en règle générale en premier. Pour une même infraction, un automobiliste peut, en effet, se voir sanctionné deux fois. Aussi, le code de la route propose des solutions de coordination entre ces deux mesures. La décision judiciaire d'annulation du permis, une fois prise, vient se substituer à la décision administrative. Par exemple, en cas de condamnation à une annulation du permis par le juge, la durée des mesures administratives s'impute automatiquement sur celle des mesures du même ordre prononcé par le tribunal (art. L. 224-9 al. 3 C. route). En revanche, en cas de condamnation à une simple amende, la mesure de suspension administrative du permis ne peut se prolonger et elle doit impérativement s'arrêter à la date de cette condamnation. Il en va de même *a fortiori* en cas de non lieu ou de relaxe prononcée par un juge pénal. Dans tous ces cas de figure, la mesure administrative est considérée comme non avenue, c'est-à-dire qu'elle est sans effet juste pour l'avenir. Elle n'est pas caduque rétroactivement et, une relaxe, par exemple, n'a pas pour conséquence de rendre illégale une décision administrative de suspension (▪ *Cass. crim. 4 nov. 1988, Bull. crim. n° 371*). En revanche, dans l'hypothèse d'un classement sans suite de l'infraction, opéré par le procureur de la république, le préfet n'est pas lié. Dès lors, il est tout à fait concevable que la mesure administrative perdure à la décision de classement sans suite (▪ *Cons. d'Et. 3 nov. 1989, JCP 1989. IV. 416*).

Section 3. La rétention du permis de conduire

La rétention du permis de conduire est une mesure administrative qui affecte le droit de conduire des automobilistes. Elle peut intervenir à la suite de la commission d'une infraction et précéder une autre mesure, telle que par exemple, une suspension du permis. La rétention du permis intervient donc dès la commission de l'infraction. Elle est effectuée par un officier ou un agent de police judiciaire, sans qu'il soit nécessaire de requérir l'avis du préfet ou d'un magistrat et, en tout état de cause, sa durée ne peut excéder 72 heures.

La rétention du permis de conduire n'est admise que pour certaines infractions limitativement énumérées par le Code de la route. Ainsi il est possible de retenir le permis lorsque les épreuves de dépistage de l'imprégnation alcoolique et le comportement du conducteur permettent de présumer que celui-ci conduisait sous l'empire d'un état alcoolique ou lorsque cet état est établi au moyen d'un éthylomètre. La rétention du permis est également applicable en cas d'ivresse manifeste, en cas d'analyses et examens établissant que le conducteur avait fait usage de stupéfiants, ou en présence d'une ou plusieurs raisons plausibles de soupçonner un usage de stupéfiants. Elle est encore prévue lorsque le conducteur refuse de se soumettre aux diverses opérations de dépistage d'imprégnation alcoolique ou de consommation de stupéfiants. Dans ce cas, le procès-verbal doit faire état des raisons pour lesquelles il n'a pu être procédé aux épreuves de dépistage. La rétention du permis est, enfin, possible en présence d'un excès de vitesse d'au moins 40 km/h, dès lors que celui-ci est constaté par un radar (art. L. 224-1 C. route).

Concrètement, l'automobiliste qui fait l'objet d'une mesure de rétention de son permis, se voit remettre un avis de rétention qui mentionne obligatoirement les coordonnées du service auquel il faut s'adresser pour récupérer le permis (art. R. 224-1 et R. 224-2 C. route). Une fois le permis retenu plusieurs issues sont concevables. Soit l'infraction présumée n'est pas réalisée (par ex. après vérifications, l'état alcoolique n'est pas établi) et le permis est remis sans délai à son propriétaire. Soit au terme du délai de soixante-douze heures aucune décision de suspension n'est prise par le préfet et le permis est restitué dans les douze heures qui suivent la fin de la période de rétention (art. R. 224-3 C. route). Dans ce cas et dans l'hypothèse où l'état alcoolique de l'intéressé est avéré, ce dernier peut faire l'objet ultérieurement d'autres mesures, telles que, par exemple, une suspension judiciaire, voire même une suspension administrative dont la durée peut alors être portée à un an. Soit, enfin, la personne intéressée fait, dans le délai de soixante-douze heures l'objet d'une mesure de suspension administrative de permis, auquel cas, logiquement, elle ne récupérera le permis qu'au terme de la période de suspension décidée par le préfet.

Section 4. L'immobilisation du véhicule

L'immobilisation du véhicule est une mesure proche de la rétention du permis de conduire mais elle s'en distingue néanmoins. Comme son nom l'indique, la mesure vise le véhicule qui a servi à commettre l'infraction et non pas le permis de conduire. L'article R. 325-2 du Code de la route indique que cette mesure consiste en « l'obligation faite au conducteur ou au propriétaire d'un véhicule [...] de maintenir ce véhicule sur place ou à proximité du lieu de constatation de l'infraction en se conformant aux règles relatives au stationnement ». L'immobilisation peut être prescrite par les officiers et les agents de police judiciaire, les agents de police judiciaire adjoints, les gardes champêtres, les fonctionnaires ou agents chargés du contrôle des transports terrestres placés sous l'autorité du ministre chargé des transports s'il s'agit de véhicules affectés au transport routier de voyageurs ou de marchandises entre autres. En fait, l'immobilisation peut être décidée par tous les agents habilités à constater les infractions au code de la route pouvant entraîner une telle mesure (art. R. 325-3 C. route).

Dans les faits, l'immobilisation du véhicule entretient d'indéniables liens avec la mesure de rétention du permis de conduire. Elle lui fait généralement suite. Ainsi, pendant la durée de la rétention du permis de conduire, l'immobilisation du véhicule peut être ordonnée. Il appartient alors aux agents compétents de faire le nécessaire pour placer le véhicule en stationnement régulier. Il est évident que le conducteur qui s'est vu retirer son permis de conduire immédiatement après la commission d'une infraction ne peut prétendre reprendre le volant, ne serait-ce que pour déplacer son véhicule. Il est, en revanche, tout à fait acceptable que le véhicule soit déplacé ou qu'il poursuive même sa route lorsque un conducteur qualifié peut assurer la conduite de celui-ci (membre de la famille, ami etc.). Il en est ainsi pour les décisions d'immobilisation qui font suite à une conduite en état d'ivresse présumée ou sous l'empire d'un état alcoolique, lorsque le conducteur n'est pas titulaire de la catégorie du permis exigée pour la conduite du véhicule considéré ou encore lorsque le conducteur est en infraction aux règles relatives aux conditions de travail dans les transports routiers ou qu'il ne peut présenter les documents permettant de contrôler le respect de ces règles (art. R. 325-4 C. route).

En cas d'obstacle à l'immobilisation du véhicule, les peines encourues varient selon l'infraction commise ou la catégorie du véhicule. Le conducteur ou le propriétaire d'un véhicule de transport de marchandises d'un poids total autorisé en charge excédant 3,5 tonnes ou d'un véhicule de transport en commun qui contrevient à l'obligation de maintenir son véhicule sur place ou à proximité du lieu d'infraction en se respectant les règles relatives au stationnement commet une infraction de la cinquième classe (amende de 1500 €). Pour les autres véhicules, le même comportement est sanctionné par une amende de la quatrième classe de contravention (750 €, amende forfaitaire de 135 €). Le fait de faire obstacle à l'immobilisation devient un délit passible de trois mois d'emprisonnement et de 3 750 € d'amende, art. L. 325-3-1 C. route).

Section 5. Les privations de l'autorisation de conduire

Diverses situations, autres que celles déjà examinées, peuvent entraîner une interdiction de conduire.

Le Code pénal, en premier lieu, permet à une juridiction qui a condamné un délinquant de lui interdire la conduite pour un temps donné. Ainsi, aussi bien dans le cadre d'un travail d'intérêt général (art. 131-22 C. pén.), d'un sursis avec mise à l'épreuve ou avec obligation d'accomplir un travail d'intérêt général (art. 132-45 7° et 132-55 C. pén.) que d'un ajournement de la peine avec mise à l'épreuve (art. 132-64 C. pén.), un automobiliste peut être condamné à « s'abstenir de conduire certains véhicules ». Pour la jurisprudence cette interdiction peut être étendue à tous les véhicules, c'est-à-dire aux permis A, B, C, D, E, F du Code de la route (▪ *Cass. crim. 22 sept. 1999, Bull. crim. n° 197 ; Rev. sc. crim. 2000, obs. B. Bouloc*).

Le Code pénal permet encore, depuis 2003, de condamner un automobiliste, en plus du prononcé d'une peine d'annulation ou de suspension du permis, à une peine complémentaire d'interdiction de conduire certains véhicules (art. 131-16 6° C. pén.). Cette disposition a pour objectif d'éviter qu'un conducteur esquive les peines d'annulation ou de suspension du permis en conduisant des véhicules pour lesquels un permis de conduire n'est pas nécessaire (une voiturette par exemple). Pour une contravention, cette peine d'interdiction de conduire certains véhicules à une durée maximale d'un an. Pour un délit, la durée est plus élevée. Elle est de cinq ans au plus en cas d'homicide (art. 221-8 7° nouveau C. pén.) ou de blessures involontaires (art. 222-44 8° nouveau C. pén.), de conduite d'un véhicule sans être titulaire du permis de conduire correspondant à la catégorie du véhicule considéré (art. L. 221-2 C. route), de refus de se soumettre à l'injonction de remettre son permis de conduire en cas de retrait de la totalité des points (art. L. 223-5 C. route), de risques causés à autrui (art. 223-18 5° C. pén.), de conduite malgré la suspension, la rétention, l'annulation ou l'interdiction d'obtenir la délivrance du permis de conduire (art. 224-16 C. route), de délit de fuite (art. L. 231-2 C. route), de conduite en état d'ivresse manifeste ou sous l'empire d'un état alcoolique ou de refus de se soumettre aux épreuves permettant d'établir cet état (art. L. 234-2 et L. 234-8 C. route), de conduite après avoir fait usage de plantes ou substances classées comme stupéfiants ou refus de se prêter aux épreuves de dépistage (art. L. 235-1 et L. 235-3 C. route), de récidive d'un dépassement de plus de 50 km/h de la vitesse maximale autorisée (art. L. 413-1 C. route). La violation de l'interdiction de conduire certains véhicules est sanctionnée de deux ans d'emprisonnement et 30 000 € d'amende (art. 434-41 C. pén.).

Le Code de procédure pénale, en second lieu, prévoit la possibilité d'ordonner à une personne mise en examen au titre d'un placement sous contrôle judiciaire, de « s'abstenir de conduire tous les véhicules ou certains véhicules et, le cas échéant, remettre au greffe son permis de conduire contre récépissé » (art. 138 8° C. pr. pén.). L'interdiction est large puisqu'elle vise tous les véhicules. En d'autres termes, celle-ci peut concerner des véhicules pour lesquels un titre de conduite n'est pas exigé par la loi (par ex. un tracteur, un cyclomoteur, un scooter…). Dans l'hypothèse où une condamnation est ultérieurement infligée à l'intéressé, la durée de la privation du permis de conduire au titre du contrôle judiciaire ne s'imputera pas sur une mesure de suspension du permis (par ex. ▪ *Cass. crim. 9 févr. 2000, Bull. crim. n° 62 ; Rev. sc. crim. 2000, p. 819, obs. B. Bouloc ; Dr. pénal 2000, comm. 62, obs. J.H. Robert ; Jurispr. Auto 2000, p. 123).*

3

Les situations de conduite sans permis

Un automobiliste qui est privé temporairement ou définitivement de permis de conduire ne peut bien évidemment pas, le temps imparti, reprendre le volant de son véhicule. Quel que soit la nature de l'interdiction, des règles viennent sanctionner le conducteur récalcitrant. Les peines sont toutefois propres à chaque situation, pour celui qui conduit malgré une interdiction de délivrance, une rétention, une suspension ou une annulation du permis de conduire (section 1) ou à la suite de la perte de tous les points sur le permis (section 2). Bien évidemment, le défaut pur et simple de permis (section 3) ou le fait de conduire sans respecter les conditions de validité attachées à la délivrance du permis (section 4) sont également sanctionnés.

Section 1. La conduite en dépit d'une interdiction de délivrance, d'une rétention, d'une suspension ou d'une annulation du permis de conduire

Le fait de conduire un véhicule en violation d'une mesure d'interdiction de délivrance, de rétention, de suspension ou d'annulation du permis de conduire est passible d'une peine principale de deux ans d'emprisonnement et d'une amende de 4 500 € (art. L. 224-16 C. route). En outre, l'automobiliste peut se voir appliquer diverses peines complémentaires telles que la confiscation obligatoire du véhicule, sauf si la juridiction ne prononce pas cette peine par une décision spécialement motivée (pour une application en présence d'une clause de réserve de propriété ▪ *Cass. Crim. 28 févr. 2024, n° 22-86.392, D. 2024, p. 425 ; D. actu. 13 mars 2024, obs. M. Dominati)*. La confiscation est simplement facultative cependant lorsque le délit prévu par cet article a été commis à la suite d'une mesure administrative (▪ *Cass. Crim. 20 mars 2024, n° 21-84.883, Dr. pénal 2024, n° 90, obs. J.H. Robert, ibid chron. 8, F. Gauvin).* Il encourt également une suspension du permis de conduire, pour une durée au plus de trois ans (la suspension ne peut être limitée à la conduite en dehors de l'activité professionnelle), l'obligation d'effectuer un travail d'intérêt général, la peine de jours-amende ou l'immobilisation du véhicule. Ainsi, l'automobiliste condamné à une suspension du permis, qui repart au volant de son véhicule juste après avoir l'avoir déposé à la gendarmerie, s'expose à une nouvelle suspension (▪ *CA Metz, 8 nov. 1989, Dr. pénal 1990, n° 198, obs. J.H. Robert*). Enfin, pour ce qui concerne la conduite en dépit d'une suspension ou d'une mesure de rétention du permis, la peine complémentaire d'annulation du permis peut également être prononcée. Elle entraîne une réduction, de plein droit, cette fois, de la moitié du nombre maximal de points sur le permis de conduire. Bien évidemment, pour que le délit de l'article L. 224-16 du Code de la route soit retenu contre un automobiliste, il convient que la mesure d'interdiction de délivrance du permis, de rétention, de suspension ou d'annulation du permis lui ait été dûment notifiée. Pour une suspension administrative, il faut encore que l'arrêté indique avec précision la durée de la mesure. Sinon, il convient de relaxer l'intéressé du délit de conduite malgré une suspension (▪ *CA Aix-en-Provence, 4 mars 2005, Jurisp. Auto 2006, p. 96.* V. aussi en l'absence de la preuve d'une notification régulière ▪ *CA Angers 29 sept. 2020, n° 19/00180, Dr. pénal 2021, chron. F. Gauvin).* Le refus de restituer le permis de conduire, dans les cas de figure évoqués est, quant à lui, sanctionné par l'article L. 224-17 du Code de la route, également deux ans d'emprisonnement et 4 500 € d'amende ainsi que de plusieurs peines complémentaires.

Le délit de conduite malgré une interdiction de délivrance, une rétention, une suspension ou une annulation du permis de conduire s'applique aussi aux conducteurs qui reprennent trop rapidement le volant. Ainsi, le fait de conduire un véhicule après la période de suspension ou d'annulation fixée, est un comportement répréhensible tant que l'automobiliste n'a pas retrouvé de titre de conduite. Le retard de l'administration dans la restitution du permis n'est même pas considéré comme une excuse valable (par ex. pour délai d'un mois et trois semaines ▪ *Cass. crim. 27 nov. 2001, Jurispr. Auto 2002, p. 234*). Dans ce cas, cependant, l'automobiliste pourra toujours engager la responsabilité de l'Etat devant les juridictions administratives. L'écoulement d'un délai après une mesure d'annulation du permis n'est pas non plus un motif suffisant (par ex. un individu contrôlé au volant d'un véhicule et qui avait fait l'objet d'une annulation du permis de conduire seize ans auparavant (▪ *Cass. crim. 11 janv. 2005, Jurisp. Auto 2005, p. 549)*.

Ce délit de conduite malgré une interdiction de délivrance, une rétention, une suspension ou une annulation du permis de conduire est également retenu à l'encontre des automobilistes qui ne respectent pas les aménagements de la peine de suspension du permis de conduire. Mais, dans le cas où un automobiliste bénéficie d'un permis blanc conduit en dehors des horaires autorisés par le tribunal, l'article 434-41 du Code pénal est aussi applicable. Si le juge applique ce dernier texte, le montant maximal de l'amende encourue est porté à 30 000 € (pour une application ▪ *Cass. crim. 7 févr. 2001, Jurispr. Auto 2001, p. 172)*.

Section 2. La conduite avec un permis invalidé par la perte totale des points

Lorsque le capital de points est épuisé et le permis invalidé pour défaut de points, le Code de la route prévoit, sans surprise, de sanctionner tout individu qui continuerait à utiliser son véhicule. Mais une hésitation s'est posée sur la nature de l'infraction venant frapper ce comportement. Faut-il condamner l'automobiliste à une peine délictuelle comme pour le refus de se soumettre à l'injonction de restituer son permis ou appliquer l'article R. 221-1 al. 3 C. route qui sanctionne la conduite sans permis valable ?

D'un côté, le délit de refus de remettre son titre de conduite à la suite de l'injonction de l'autorité compétente est prévu par l'article L. 223-5 du Code de la route. Avant la loi du 12 juin 2003, cet article ne visait pas le cas de la conduite d'un véhicule malgré la notification d'une telle injonction. D'un autre côté, l'article L. 224-16 C. route prévoit que l'automobiliste commet un délit lorsqu'il conduit un véhicule en dépit de l'annulation du titre de conduite. Seulement ce dernier article, rédigé de façon générale, s'applique aux faits de conduite consécutifs à « une décision » prononçant à l'encontre de l'automobiliste une annulation du permis. Ce dernier article n'envisage en effet que l'hypothèse d'une annulation prononcée par une juridiction judiciaire alors que l'invalidation du permis de conduire pour défaut de points est le résultat d'une mesure administrative. Aussi, la jurisprudence a refusé, au nom de l'interprétation restrictive des textes pénaux, que la conduite d'un véhicule à la suite de l'injonction du préfet constatant la perte de tous les points soit réprimée par l'article L. 223-5 C. route. En conséquence, l'intéressé pouvait, au plus, être condamné à une amende d'un montant maximum de 1 500 € (par ex. ▪ *Cass. crim. 6 mai 1998, n° 97-85.201, Jurispr. Auto 1998, p. 276 ; D. 1998.IR., p. 170* ▪ *Cass. Crim. 13sept. 2000, Dr. pénal 2000, comm. 139, obs. J.H. Robert).*

Depuis 2003, l'article L. 223-5 du Code de la route prévoit expressément que le fait pour toute personne de conduire un véhicule à moteur pour la conduite duquel le permis est nécessaire, en dépit de l'injonction qui lui est faite de remettre ce permis à la suite de la perte totale des points correspond à un délit. Sont d'ailleurs incriminés par cet article deux comportements distincts, aussi bien le fait de refuser de se soumettre à l'injonction administrative de remettre son permis que celui de conduire un véhicule malgré cette injonction. Les peines encourues pour ces deux délits sont identiques - sans qu'il ne soit prévu la peine obligatoire de confiscation du véhicule, comme pour la conduite en dépit d'une décision judiciaire de suspension ou d'annulation du permis de conduire ou la conduite avec un permis faux et falsifié.

A la suite de la perte de tous ses points sur son permis, l'automobiliste qui persiste à conduire son véhicule est donc passible d'un délit puni de deux ans d'emprisonnement et de 4 500 € d'amende (par ex. pour un automobiliste qui se prévalait de ne pas avoir reçu les informations requises pour chaque infraction entraînant une perte de points alors qu'il avait restitué son permis de conduire ▪ *Cass. crim. 31 janv. 2012, n° 11-85.253*).

Une condamnation délictuelle est même envisageable nonobstant une erreur de qualification. La chambre criminelle a ainsi confirmé qu'il n'existe aucune méconnaissance des textes quand une condamnation repose sur l'article L. 221-2 du Code de la route (conduite sans permis) en lieu et place de l'article L. 223-5 (▪ *Cass.*

crim. 18 sept. 2012, n° 12-80.526, AJ pénal 2013, p. 101, obs. J.P. Céré ; Dr. pénal 2012, n° 162, note J.H. Robert). Elle avait précédemment estimé plus explicitement qu'on « ne saurait faire grief à une cour d'appel de ne pas avoir appliqué les dispositions de l'article L. 223-5 [...] dès lors que les pénalités applicables aux faits incriminés par ce texte sont plus sévères » (▪ *Cass. crim. 2 févr. 2011, Dr. pénal 2011, comm. 65, obs. J.H. Robert*).

Dans l'hypothèse, toutefois, où le juge utilise son pouvoir de restituer aux faits dont il est saisi leur véritable qualification juridique, la condamnation ne sera admise que sous réserve que la personne poursuivie ait été en mesure de se défendre sur la nouvelle qualification envisagée (par ex. poursuites « pour conduite d'un véhicule malgré l'injonction de restituer le permis de conduire résultant de la perte de la totalité des points » requalifiées en conduite malgré l'annulation du permis de conduire » (▪ *Cass. crim. 14 févr. 2012, n° 11-84.698*).

Par exception, les poursuites pénales ne sont toutefois plus envisageables si, avant que le juge pénal ne se prononce définitivement, un conducteur obtient du juge administratif l'annulation de la décision ministérielle de constatation de la perte de tous les points et de la décision préfectorale de restitution du permis. La chambre criminelle a d'abord jugé que « l'annulation par la juridiction administrative d'un acte administratif prive de base légale la poursuite engagée pour violation de cet acte » (▪ *Cass. crim. 21 nov. 2007, Dr. pénal. 2008, comm. 20 ; D. 2008, p. 111, note D. Caron et S. Ménotti ; JCP G, I, 120, obs. J.H. Robert* ▪ *Cass. crim. 3 sept. 2008, n° 08-80.074*). Cet arrêt de principe permet donc à tout automobiliste d'éviter une condamnation au pénal pour conduite avec un permis invalidé par la perte de points. Puis, elle a précisé dans une autre décision que l'acte annulé « est réputé n'avoir jamais existé ». Ce faisant, la chambre criminelle assure de l'effet rétroactif de l'annulation de l'arrêté préfectoral. Il faut donc en conclure que toute poursuite reposant sur un acte censuré ultérieurement par le juge administratif est privée de base légale ▪ *Cass. crim. 12 mars 2008, AJ Pénal 2008, p. 278, obs. J.P. Céré*). Cette jurisprudence désormais bien assise est rappelée régulièrement par la cour de cassation.

☞ *Attendu que l'annulation par la juridiction administrative d'un acte administratif implique que cet acte est réputé n'avoir jamais existé et prive de base légale la poursuite engagée pour violation de cet acte [...] Attendu que cette annulation a pour conséquence d'enlever toute base légale à la poursuite et à la condamnation qui est intervenue [...] D'où il suit que l'annulation est encourue ; qu'elle aura lieu sans renvoi, la Cour de cassation étant en mesure d'appliquer directement la règle de droit et de mettre fin au litige » (▪ Cass. crim. 12 déc. 2012, n° 12-82.919, Dr. pénal 2013, no 44, obs. J.H. Robert ▪ Adde Cass. crim. 17 janv. 2012, n° 11-80.460).*

Il en va à l'identique en cas de retrait de la décision d'invalidation par le ministre de l'intérieur, postérieure à l'arrêt attaqué. La chambre criminelle considère, là encore, que le retrait d'un acte administratif implique que cet acte est réputé n'avoir jamais existé et prive de base légale la poursuite engagée pour violation de cet acte (▪ *Cass. crim. 4 mars 2014, n° 13-82.078, D. 2014. Actu. P. 668 ; Jurispr. auto 2014, n° 861, p. 22, note J.B. Le Dall ; AJ pénal 2014. 418, note J.B. Perrier).*

En revanche, une telle issue ne prévaut pas en cas de reconstitution de points par le suivi d'un stage de sensibilisation à la circulation routière. La notification de récupération de points ne possède aucun effet rétroactif, « de sorte que l'infraction qui consiste à avoir conduit entre-temps sans être détenteur d'un permis de conduire n'a pas perdu son fondement légal » (▪ *Cass.* Crim. 7 déc. 2021, n° 21-82.729, *Dr. pénal 2022, n° 66, note J.H. Robert ; Dr. pénal 2022, Chron. 8, obs. F. Gauvin ; JCP 2022. 537, obs. S. Detraz).*

En l'absence de décision du juge administratif, il reste envisageable de demander au juge judiciaire de se prononcer lui-même sur l'évocation d'une absence de preuve de la délivrance de l'information (V. *supra*). Le juge judiciaire est compétent dans la mesure où, de la légalité du retrait va dépendre la solution du procès pénal (art. 111-5 du code pénal).

Enfin, notons que la chambre criminelle de la Cour de Cassation s'est prononcée sur la situation du conducteur qui, disposant d'un permis international, continuait à circuler sur les routes alors que son permis français avait été invalidé pour perte de la totalité des points. Dans ce cas de figure, la jurisprudence est aujourd'hui bien établie et l'invalidation du permis de conduire français se traduit par l'interdiction du droit de conduire sur le territoire national français, quand bien même le prévenu serait-il titulaire d'un permis délivré par un autre État ou d'un permis international (▪ *Cass. Crim. 14 mai 2008, nº 08-80.841, D. 2008, p. 1627 ; AJ pénal 2008, p. 326* ▪ *Cass. Crim. 7 sept. 2010, nº 09-88.057, Dr. pénal 2010 nº 124, obs. J.H. Robert* ▪ *Cass. Crim. 31 mars 2020, nº 19-85.131, Dr. pénal 2020, nº 114, obs. J.H. Robert* ▪ *Cass. Crim. 17 mai 2022, nº 21-85.61 ; D. 2022. 994; D. actu. 30 mai 2022, obs. D. Goetz ; Dr. pénal 2022, nº 125, obs. J.H. Robert ; Dr. pénal 2022, Chron. 8, obs. F. Gauvin).* Une telle situation de conduite peut entraîner le prononcé de la peine complémentaire de confiscation du véhicule ayant servi à commettre l'infraction prévue à l'art. L. 223-5, IV, 6° du Code de la route. Celle-ci est justifiée, dès lors qu'ont été prises en considération la personnalité et la situation personnelle du prévenu, ses ressources et ses charges *(▪ Cass. crim.* 17 mai 2022, n° 21-85.611, *ibid).*

Ce faisant, parfois, une relaxe à la marge peut s'imposer. Ainsi en est-il pour l'automobiliste qui dispose d'un permis de conduire international et qui se voit remettre, par erreur, sur ordre d'un vice-procureur de la République, une attestation en vertu de laquelle sa situation administrative est régulière, malgré l'annulation de son permis de conduire français *(▪ Cass. crim. 11 mai 2006, n° 05-87.099, AJ pénal 2006. 358, obs. J. Leblois-Happe ; Dr. pénal 2006. Comm. 109, note M. Véron ; JCP 2006. II. 10207, note O. Fardoux ; Rev. pénit. 2006, p. 850, obs. Ph. Bonfils).*

Section. 3. La conduite sans permis

Pour être en règle avec la législation, un conducteur doit bien évidemment posséder un permis de conduire correspondant à la catégorie du véhicule utilisé.

La jurisprudence procure de nombreux exemples de condamnation pour conduite sans permis. C'est le cas, par exemple, du conducteur qui ne possède pas le permis de conduire. Ainsi, l'individu qui se trouve au volant d'un véhicule, moteur en marche, sur le point de démarrer est punissable (▪ *Cass. crim. 24 mai 1966, Bull. crim. n° 157*) ou encore le fait de conduire avec un permis délivré par les autorités marocaines car la dérogation aux règles relatives au permis de conduire ne bénéficie qu'aux seuls étudiants (▪ *Cass. crim. 4 mai 2000, Jurisp. Auto 2000, p. 331*).

En sens contraire plusieurs situations ne correspondent pas aux éléments constitutifs de ce délit.

Les personnes qui justifient qu'elles apprennent à conduire ne doivent pas pouvoir être poursuivies pour défaut de permis, sous réserve cependant qu'elles se conforment aux conditions d'apprentissage de la conduite accompagnée (art. R. 211-3 à R. 211-5 C. route).

La personne qui prend place à côté du conducteur en infraction, ne peut être considéré comme complice de l'infraction de conduite sans permis, à moins qu'il soit prouvé qu'elle lui a donné l'ordre de conduire ou qu'elle lui a confié le volant en connaissance de cause (▪ *Cass. crim. 1er mars 1998, Bull. crim. n° 106*) ou, encore, s'agissant d'un employeur, qu'il a confié le volant d'un camion à un salarié en sachant que ce dernier ne possédait pas de permis de conduire approprié. Il est alors considéré comme le complice de l'infraction de conduite sans permis.

Ne peut non plus être déclaré coupable de conduite sans permis, le conducteur qui, après avoir restitué son permis à la suite de son invalidation pour perte totale des points, a passé, dans un autre État membre de l'Union européenne, un nouveau permis de conduire après expiration de la période d'interdiction de solliciter ou d'obtenir un permis de conduire *(▪ Cass. crim. 9 mars 2022, n°21-84.021, D. actu. 18 mars 2022, obs. D. Goetz ; AJ pénal 2022, p. 269 ; Dr. pénal 2022, n° 87, note J.H. Robert).*

La conduite sans permis, c'est-à-dire, selon les termes mêmes de la loi, « sans être titulaire du permis de conduire correspondant à la catégorie du véhicule considéré est, depuis la loi n° 2004-204 du 9 mars 2004, un délit puni d'un an d'emprisonnement et de 15 000 € d'amende (art. L. 221-2 C. route) et, depuis 2018, peut l'objet d'une procédure d'amende forfaitaire délictuelle (amende forfaitaire de 800 €, minorée à 640 € en cas de paiement immédiat ou dans les 15 jours et majorée à 1 600 € en l'absence de paiement total dans les 45 jours). Plusieurs peines complémentaires peuvent être appliquées, à savoir la peine de travail d'intérêt général et de jours-amende. Ces peines peuvent être aussi prononcées à titre de peine principale, c'est-à-dire que le juge peut décider d'y recourir en lieu et place de la peine d'emprisonnement ou de la peine d'amende. D'autres peines à titre strictement complémentaires peuvent encore être prononcées : interdiction de conduire un véhicule, y compris un véhicule pour la conduite duquel le permis de conduire n'est pas exigé (par ex. une voiturette), pour une durée de cinq ans au plus ; obligation d'accomplir un stage de sensibilisation à la sécurité routière aux frais de l'intéressé ; confiscation obligatoire (sauf si la juridiction ne prononce pas cette peine par une décision spécialement motivée) ou immobilisation du véhicule. Le juge ne peut à l'évidence recourir à une autre peine complémentaire que celles-ci. Ainsi, il ne peut prononcer une interdiction de solliciter la délivrance d'un nouveau permis de conduire (▪ *Cass. crim. 23 oct. 2007, Dr. pénal 2008, comm. 4, obs. M. Véron*).

En cas de récidive, l'article 132-10 du Code pénal est applicable. Il prévoit le doublement des peines principales prévues si le condamné commet dans les cinq ans un délit identique.

Section 4. La conduite sans permis valide

Le conducteur d'un véhicule doit être « titulaire de la catégorie correspondante du permis de conduire en état de validité » (art. R. 221-1-1 C. route). Ainsi, sur le fondement de cet article, la personne qui n'est titulaire que du permis B et qui conduit une voiture attelée d'une remorque nécessitant l'obtention d'une autre catégorie de permis se trouve en infraction. Elle ne peut se prévaloir de sa bonne foi en indiquant avoir été induite en erreur par l'ambiguïté des mentions portées sur le document en sa possession (▪ *Cass. crim. 26 juin 1975, Gaz. Pal. 1975, 2, somm. p. 288*).

L'infraction de conduite sans permis valide peut être encore réalisée quand le conducteur ne s'acquitte pas des obligations attachées à la délivrance du permis (par ex. restriction d'usage tenant au port de verres correcteurs mentionnée sur le titre de conduite. Cf. déjà auparavant en ce sens, ▪ *Cass. crim. 3 avr. 1973, D. 1973, p. 463* ▪ *Cass. crim. 13 nov. 1986, JCP 1987. IV. 28, Bull. crim. n° 339 ; Rev. sc. crim. 1987, p. 422, obs. J.P. Delmas Saint-Hilaire*).

Pour certaines catégories de permis, la loi soumet l'obtention ou le renouvellement au passage d'une visite médicale. Celle-ci est obligatoire et son résultat conditionne l'autorisation de conduire. Le fait de conduire sans s'être soumis à la visite médicale, sans demander la prorogation de la validité du permis lorsqu'il est attribué pour un temps donné ou sans avoir obtenu cette prorogation doit dès lors entrer dans les prévisions de l'article R. 221-1-1 du Code de la route.

Relevons enfin que la possession d'un permis de conduire en état de validité est nécessaire pour circuler sur les voies publiques ouvertes à la circulation mais aussi sur les voies non ouvertes à la circulation publique (art. R. 221-1-1 C. route). Il s'agit ici d'un des rares cas de figure où une disposition du Code de la route s'applique en dehors des voies publiques ouvertes à la circulation.

Le fait de conduire sans être titulaire de la catégorie correspondante du permis de conduire en état de validité ou sans respecter les restrictions d'usage mentionnées sur le titre de conduite correspond à une contravention de la quatrième classe (amende de 750 € maximum ou amende forfaitaire de 135 €). Des peines complémentaires sont également encourues (immobilisation du véhicule, suspension du permis pour une durée de trois ans au plus pouvant être limitée à la conduite en dehors de l'activité professionnelle, interdiction de conduire certains véhicules, y compris ceux ne nécessitant pas un permis de conduire pour cinq ans maximum, suivi d'un stage de sensibilisation à la circulation routière). En outre, l'infraction entraîne une perte de trois points sur le permis de conduire.

Section 5. La conduite avec un permis faux et falsifié

Ce délit est spécifiquement dédié aux automobilistes qui tentent de se procurer un faux permis dans l'optique de circuler sur les routes ouvertes à la circulation (art. L. 221-2-1 C. route). Il répond à la nécessité de sanctionner plus lourdement les auteurs d'un tel comportement qui pouvaient être poursuivis antérieurement pour conduite sans permis et pour usage d'un faux document administratif. Le délit de conduite avec un faux permis est passible d'une peine de cinq ans d'emprisonnement et de 75 000 € d'amende. De nombreuses peines complémentaires sont également prévues (confiscation obligatoire du véhicule, sauf décision spécialement motivée, peine de travail d'intérêt général, jours-amende, interdiction de conduire certains véhicules terrestres à moteur, stage de sensibilisation à la circulation routière, immobilisation du véhicule).

Conclusion

Plus d'une trentaine d'années après son apparition dans l'arsenal répressif français, le permis à points a largement fait ses preuves sur le terrain de la lutte contre l'insécurité routière. Le nombre de tués sur la route en nette diminution depuis son entrée en vigueur peut être, en partie, expliqué par son instauration. Pour autant la multiplication des recours contentieux qu'il suscite, témoigne encore de la complexité du système du permis à points. Il est vrai qu'il comprend une double phase judiciaire et administrative qui n'est pas de nature à simplifier sa mise en œuvre. Aussi, il ne faut peut-être pas s'étonner si dans une première période le taux de succès des justiciables devant les juridictions administratives était supérieur à tout autre contentieux. Le taux d'annulation des décisions de retrait de points était encore d'environ 60 % (Cf. D. Botteghi, L'exigence d'information du conducteur à l'épreuve contentieuse, AJ Pénal 2008, p. 492). Compte tenu des évolutions de la jurisprudence ce taux de succès s'est affaibli (J.Y. Madec, Permis de conduire à points. Un contentieux enfin majeur, AJDA 2011, p. 2043). Pour autant la jurisprudence devant le juge administratif et singulièrement devant le conseil d'Etat ne s'est pas tarie. Elle a incontestablement gagné en maturité, mais il reste encore de nombreuses situations épineuses où l'automobiliste peut encore faire prospérer ses droits en justice.

L'assimilation du retrait de points par la Cour européenne des droits de l'homme à une peine accessoire, c'est à dire à une peine obligatoire sans que le juge ait besoin de la prononcer a levé certaines ambiguïtés mais d'autres interrogations subsistent. Ainsi, la reconnaissance par la Cour européenne de la nature pénale du retrait de points, au sens de l'article 6 de la convention européenne des droits de l'homme, devrait induire la soumission de cette sanction au principe selon lequel un individu ne peut être puni deux fois pour les mêmes faits (*V. par ex.* ▪ *CEDH 23 oct. 1995, Gradinger c/ Autriche, série A, n° 328* ▪ *CEDH 16 juin 2009, Ruotsalainen c/ Finlande, n° 13079/03*).

Finalement que l'on se tourne vers le droit interne ou le droit européen, le contentieux du permis à points reste encore largement d'actualité. En témoigne l'abondante jurisprudence.

Index

M

N

O

P

R

S

T

V

Pour aller plus loin

BODSON (N.), De la légalité du permis à points, *Petites affiches,* 4 nov. 1992, n° 133, p. 9.

BOTTEGHI (D.), L'exigence d'information du conducteur à l'épreuve contentieuse, *AJ Pénal* 2008, p. 491.

CÉRÉ (J.P.), Les nouveaux modes de poursuites des contraventions au code de la route et le droit à un procès équitable, *AJ Pénal,* déc. 2003, p. 91.

CÉRÉ (J.P.), Le retrait de points sur le permis de conduire : l'impossible contrôle du juge pénal, *AJ Pénal* 2008, p. 485.

COQUET (F.) et ROBILLARD (G.), Etat des lieux du contentieux du permis à points, *AJDA* 2009, p. 536

DEFRANCE (G.), L'application de la loi renforçant la lutte contre la violence routière, *Jurisp. Auto* 2003, p. 416.

DENIZOT (A.), L'ordonnance du 7 octobre 2015 relative à la communication dématérialisée des décisions de minoration du solde de points affecté au permis de conduire, *RTD civ.* 2016, p. 2010.

IOSCA (J.B.), Le permis à points fête ses trente ans, *AJ Pénal* 2019, p. 421.

LEPETIT-COLLIN (H.) et RENAUDIE (O.), Permis à points : comment limiter l'inflation contentieuse ?, *AJDA* 2010, p. 577.

LOMBARD (M.), Le permis à points et la Convention européenne des droits de l'homme, *Gazette du Palais,* 26-27 juill. 2000, p. 2.

MADEC (J.Y), Permis de conduire à points. Un contentieux enfin majeur, *AJDA* 2011, p. 2043.

PONTIER (J.M.), Le contentieux du permis à points et son dépassement, JCP adm. 2013, p. 2145.

PONTIER (J.M.), L'art de créer du contentieux : le permis à points, *AJDA* 2016, p. 1384.

WEYLAND (M.), Le cycliste, l'agent de police et le permis à points, *JCP* 1993.1.3644.

Programme du stage de récupération des points

Programme des enseignements de la formation spécifique du permis de conduire (arrêté du 26 juin 2012)

La formation, sans distinction de son caractère obligatoire ou facultatif, comprend un premier module ayant pour objet de poser le cadre et les enjeux du stage de sensibilisation à la sécurité routière et un ou plusieurs modules spécialisés dont l'objet est d'impulser un processus de changement d'attitudes et de comportements chez le conducteur

Le stage comprend un enseignement « tronc commun » portant sur les facteurs généraux de l'insécurité routière et des enseignements « spécialisés » relatifs soit à la vitesse, soit à l'alcool, soit à la conduite des poids lourds. Le choix de ces enseignements incombe aux animateurs en fonction de leur connaissance des besoins des stagiaires.

Le cas échéant, il peut être procédé à un entretien personnalisé et/ou à une séance de conduite dans les conditions suivantes :

a) L'entretien personnalisé d'une durée d'une heure environ est conduit par le psychologue désigné à l'article 7 du présent arrêté et porte sur le comportement du stagiaire en rapport avec l'infraction commise.

b) La séance de conduite d'une durée équivalente est menée par l'enseignant de la conduite désigné à l'article 7 du présent arrêté.

I. - Enseignement tronc commun : les facteurs généraux de l'insécurité routière (1ere journée)

SEQUENCE ET OBJECTIFS	CONTENU
Tour de table (2 heures)	Présentation du programme du stage, des objectifs, des participants. Rappel du dispositif réglementaire du permis à points
Données de sécurité routière (30 minutes)	L'insécurité routière en France : données statistiques nationales et locales (nombre de tués, blessés, types d'usagers, circonstances)
Accidentologie (1 heure) : Faire connaître aux participants, les principales causes et circonstances des accidents, les populations à risque.	Utilisation d'une étude de cas d'accident permettant d'illustrer et de discuter sur les données nationales d'insécurité routière.
Autoévaluation des connaissances (15 minutes) Réactualiser les connaissances des stagiaires sur le code de la route.	Questionnaire d'autoévaluation
Données psychophysiologiques (1 h 30) : Analyser et faire comprendre la diversité des usagers dans la circulation, les problèmes d'interaction et de communication.	Exercices sur des situations de conduite et la tâche de conduite.
Durée 5 h 15	
Choix d'un module spécifique. Durée du module spécifique : 1 h 45. Fin de journée.	Module thématique Vitesse

II. - Enseignements spécialisés (2e journée)

La matrice générale présentée ci-dessous propose un schéma d'intervention qui permet aux animateurs d'adapter et de proposer une intervention en fonction du groupe ou des groupes cibles repérés. Elle est commune aux deux modules spécialisés, développés ci-après, portant sur les thématiques produits psychoactifs et vitesse et qui incluent également la problématique des jeunes conducteurs. L'intervention pour chaque module s'organise en trois phases successives : une phase de diagnostic, une phase d'analyse des influences, une phase d'ajustement.

Chaque phase comporte trois séquences à décliner dans un ordre chronologique.

Chaque module comporte donc trois phases et neuf séquences. L'ordre des phases et des séquences est à respecter pour favoriser le processus de changement d'attitudes et de comportements chez le conducteur dans l'objectif de prévenir la réitération des infractions et d'améliorer la sécurité routière. Dans certains cas, la troisième phase peut ne pas être menée à son terme en fonction du degré de maturation du groupe, du niveau de motivation auquel il se trouve en matière de changement de comportement. Il est alors indispensable de terminer le stage, a minima, par la séquence sur la motivation à changer.

Les animateurs disposent de nombreuses fiches pratiques d'animation étudiées en formation qui leur permettent de varier les situations didactiques et les techniques d'animation et de travailler les objectifs les plus adaptés à leur public cible.

Matrice générale d'intervention des stages de sensibilisation à la sécurité routière

LES PHASES		LES SEQUENCES	OBJECTIFS SPÉCIFIQUES
Diagnostic (phase compréhensive)	Représentations	Attentes	Auto-évaluation de ses comportements
Analyse (phase compréhensive)	Normes et contexte social	Compétences perçues et sentiment d'auto-efficacité	Contexte scientifique
Ajustement (phase de préparation au changement)	Niveau de motivation	Comportement cible	Stratégie

La matrice opérationnelle est organisée de la même façon que la matrice générale pour les deux modules. Elle comprend trois phases : la phase de diagnostic, la phase d'analyse des influences, la phase d'ajustement. Chaque phase comporte trois séquences et est détaillée dans un tableau spécifique.

Matrice du module produits psychoactifs

Phase 1 : diagnostic

SÉQUENCES	OBJECTIFS GÉNÉRAUX	OBJECTIFS SPÉCIFIQUES
1.1. Représentations	Prendre conscience des représentations sur les produits et leurs usages	Permettre l'expression des représentations au sein d'un groupe sur le thème de la sécurité routière Faciliter la prise de parole de chaque membre du groupe à partir de ses connaissances, ses aptitudes et valeurs, sa pratique et son expérience
1.2. Attentes	Exprimer ses attentes sur l'usage des produits	Analyser les raisons de la consommation Mettre en évidence le lien entre attentes et effets lors de la consommation de produits psychoactifs Prendre conscience que la même substance peut produire différents effets et qu'un effet recherché peut être obtenu par différents moyens
1.3. Auto-évaluation de ses comportements	Faire le point sur sa consommation de produits	Mesurer les consommations Repérer les usages à risque ou nocifs de produits Communiquer sur les seuils de sécurité Réfléchir à ce qui amène à consommer des produits et conduire

Phase 2 : analyse des influences

SÉQUENCES	OBJECTIFS GÉNÉRAUX	OBJECTIFS SPÉCIFIQUES
2.1. Normes et contexte social	Réfléchir à l'influence de la norme, à la capacité à faire face à la pression des autres et à sa responsabilité	Exposer ses opinions, ses normes, sa vision sur la consommation de produits Comparer, confronter, situer les représentations du groupe Montrer qu'il existe une tendance à surévaluer certains comportements de consommation Réfléchir à l'influence des perceptions de ce que font les autres sur nos propres comportements Mettre en évidence l'influence du groupe et la nécessité d'apprendre à affirmer ses positions Développer les capacités de communication verbales et non verbales Développer les compétences psychosociales et l'empathie Exprimer son ressenti et analyser ses propres mécanismes de régulation et de contrôle
2.2. Compétences perçues et sentiment d'auto-efficacité	Favoriser la perception de ses capacités Prendre conscience de leur influence sur les comportements	Mener une réflexion sur les risques et les limites Evaluer son sentiment d'efficacité Mettre en relation ce sentiment avec des actes de la vie quotidienne dont la circulation routière, la prise de risque et la possibilité de faire autrement Mettre en relation ce sentiment avec ses répercussions sur le niveau de stress

2.3. Contexte scientifique	Accéder à des connaissances scientifiques sur les produits psychoactifs et leur usage Réfléchir à l'impact de ces consommations sur le comportement de conduite	Intégrer des connaissances sur les effets des produits Favoriser une meilleure compréhension des situations routières critiques à travers les scénarios-types d'accident (ex. : accidents d'usagers de deux-roues, de piétons, de personnes âgées...) Travailler sur les défaillances fonctionnelles du conducteur Repérer les usages à risque ou nocifs des produits Communiquer sur les seuils de sécurité Réfléchir à ce qui amène à consommer des produits et conduire

Phase 3 : ajustement

SÉQUENCES	OBJECTIFS GÉNÉRAUX	OBJECTIFS SPÉCIFIQUES
3.1. Niveau de motivation	Faire le point sur ses motivations à changer Accéder à des connaissances sur le processus de changement	Déterminer son degré de motivation à changer son comportement de consommation Mieux cerner les raisons invoquées pour expliquer la consommation ou la non-consommation d'un produit afin de mesurer la motivation du sujet à changer
3.2. Comportement cible	Réfléchir à son hygiène de vie Travailler sur ses capacités de changement	S'interroger sur son hygiène de vie Reconnaître le besoin d'avoir du plaisir comme un besoin légitime Réfléchir aux moyens de répondre à ce besoin Permettre à chacun de faire le point sur son état de stress

		Savoir différencier ses sources de stress, ses capacités de réponses au stress et ses outils pour gérer la situation Rechercher des solutions alternatives pour gérer son stress Faire l'expérience, à travers un exercice pratique, d'être à l'écoute de soi-même, de son corps, de ses sensations et de pouvoir répondre à un état de fatigue ou de tension
3.3. Stratégies	Renforcer l'attention aux autres Travailler sur l'intégration de la loi comme protectrice	Développer les capacités de communication verbales et non verbales Développer les compétences psychosociales et l'empathie Exprimer son ressenti et analyser ses propres mécanismes de régulation et de contrôle

Matrice du module vitesse

Phase 1 : diagnostic

SÉQUENCES	OBJECTIFS GÉNÉRAUX	OBJECTIFS SPÉCIFIQUES
1.1. Représentations	Prendre conscience des représentations sur la vitesse et la règle	Permettre l'expression des représentations au sein d'un groupe sur le thème de la sécurité routière Faciliter la prise de parole de chaque membre du groupe à partir de ses connaissances, ses aptitudes et valeurs, sa pratique et son expérience
1.2. Attentes	Exprimer ses attentes sur la vitesse, la transgression et le risque	Mettre en évidence les attentes liées à la vitesse, à la transgression de la règle et au contrôle comportemental

		Examiner le rapport bénéfice/coûts dans certaines prises de risque
1.3. Autoévaluation de ses comportements	Examiner les différents déterminants à l'origine des comportements Favoriser une prise de conscience des déterminants de la prise de risque sur la route	Mener une réflexion sur les risques et les limites Evaluer son rapport à la polyactivité Identifier les contextes déclencheurs d'une infraction Réfléchir aux conséquences (positives ou négatives) de nos habitudes de transgression

Phase 2 : analyse des influences

SÉQUENCES	OBJECTIFS GÉNÉRAUX	OBJECTIFS SPÉCIFIQUES
2.1. Normes et contexte social	Réfléchir à l'influence de la norme, à la capacité à faire face à la pression des autres et à sa responsabilité	Exposer ses opinions, ses normes, sa vision sur la vitesse, la règle, le temps éventuellement Comparer, confronter, situer ses représentations Montrer qu'il existe une tendance à surévaluer certains comportements Réfléchir à l'influence des perceptions de ce que font ou pensent les autres sur nos propres comportements Développer les capacités de communication verbales et non verbales Développer les compétences psychosociales et l'empathie Exprimer son ressenti et analyser ses propres mécanismes de régulation et de contrôle

2.2. Compétences perçues et sentiment d'auto-efficacité	Favoriser la perception de ses capacités Prendre conscience de leur influence sur nos comportements	Mener une réflexion sur les risques et les limites Evaluer son sentiment d'efficacité Mettre en relation ce sentiment avec des actes de la vie quotidienne dont la circulation routière, la prise de risque et la possibilité de faire autrement Mettre en relation ce sentiment avec ses répercussions sur le niveau de stress
2.3. Contexte scientifique	Intégrer les composantes de la tâche de conduite Favoriser une meilleure compréhension des situations routières critiques	Intégrer le modèle cinématique (les différentes lois physiques et cinétiques) Etre capable d'effectuer quelques calculs simplifiés concernant ces lois physiques Etre capable d'intégrer ces connaissances dans sa conduite de tous les jours Favoriser une meilleure compréhension des situations routières critiques à travers les scénarios types d'accident (ex. : accidents d'usagers de deux-roues, de piétons, de personnes âgées...) Identifier les défaillances fonctionnelles du conducteur Stimuler l'activité prévisionnelle du conducteur

Phase 3 : ajustement

SÉQUENCES	OBJECTIFS GÉNÉRAUX	OBJECTIFS SPÉCIFIQUES
3.1. Niveau de motivation	S'interroger sur ses intentions de changement Identifier les leviers et les freins au changement	Déterminer son degré de motivation à changer son comportement
3.2. Comportement cible	Réfléchir à son hygiène et à son style de vie	S'interroger sur son hygiène de vie Réfléchir aux moyens de répondre à ce besoin Permettre à chacun de faire le point sur son état de stress Savoir différencier sources de stress, capacités de réponses au stress et outils pour gérer la situation
	Travailler sur ses capacités de changement	Rechercher des solutions alternatives pour gérer son stress Savoir organiser ses activités Faire l'expérience, à travers un exercice pratique, d'être à l'écoute de soi-même, de son corps, de ses sensations et de pouvoir relâcher ses états de fatigue ou de tension
3.3. Stratégies	Elaborer des réponses pour les situations à risque	Développer les capacités de communication verbales et non verbales Développer les compétences psychosociales et l'empathie Exprimer son ressenti et analyser ses propres mécanismes de régulation et de contrôle

Tableau des principales infractions et sanctions encourues

Délits	*Prison*	*Amende*	*Points*	*Suspension Annulation*	*Autres peines*
Homicide involontaire	5 ans	75 000 €	6 pts	5 ans [1] 5 ans	IC [3] Stage [4] Immobilisation [5] Confiscation[6]
Homicide involontaire aggravé par 1 circonstance	7 ans	100 000 €	6 pts	10 ans [1] 10 ans [2]	IC [3] Stage [4] Immobilisation[5] Confiscation[6]
Homicide involontaire aggravé par au moins 2 circonstances	10 ans	150 000 €	6 pts	10 ans [1] 10 ans[2]	IC [3] Stage [4] Immobilisation[5] Confiscation[6]
Blessures involontaires ayant entraîné une ITT de plus de 3 mois	3 ans	45 000 €	6 pts	5 ans [1] 5 ans	IC [3] Stage [4] Immobilisation[5] Confiscation[6]
Blessures involontaires ayant entraîné une ITT de plus de 3 mois avec 1 circonstance aggravante	5 ans	75 000 €	6 pts	10 ans [1] 10 ans	IC [3] Stage [4] Immobilisation[5] Confiscation[6]
Blessures involontaires ayant entraîné une ITT de plus de 3 mois avec au moins 2 circonstances aggravantes	7 ans	100 000 €	6 pts	10 ans [1] 10 ans	IC [3] Stage [4] Immobilisation[5] Confiscation[6]
Blessures involontaires ayant entraîné une ITT de 3 mois maximum	2 ans	30 000 €	6 pts	5 ans [1] 5 ans	IC [3] Stage [4] Immobilisation [5] Confiscation[6]
Blessures involontaires ayant entraîné une ITT de 3 mois maxi aggravé par 1 circonstance	3 ans	45 000 €	6 pts	10 ans [1]	IC [3] Stage [4] Immobilisation [5] Confiscation[6]
Blessures involontaires ayant entraîné une ITT	5 ans	75 000 €	6 pts	10 ans [1]	IC [3] Stage [4]

de 3 mois maxi aggravé par au moins 2 circonstances					Immobilisation[5] Confiscation[6]
Conduite en état alcoolique (≥ 0,8 g /l) ou en état d'ivresse ou refus de vérification taux alcool	2 ans	4 500 €	6 pts	3 ans [1] 3 ans	IC [3] Stage [4] Immobilisation [5] Rétention
Conduite après usage de stupéfiants ou refus de dépistage de stupéfiants	2 ans	4 500 €	6 pts	3 ans [1] 3 ans	IC [3] Stage [4] Immobilisation[5] Rétention
Récidive de conduite en état alcoolique (≥ 0,8 g/l) ou en état d'ivresse ou de refus de vérification taux alcool	4 ans	9 000 €	6 pts	Annulation 3 ans de plein droit	Immobilisation[5] Confiscation [6]
Récidive de conduite après usage de stupéfiants ou refus de vérification de cet usage	4 ans	9 000 €	6 pts	Annulation 3 ans de plein droit	Immobilisation [5] Confiscation [6]
Non respect de l'obligation de conduire un véhicule équipé d'un dispositif anti-démarrage par éthylotest			6 pts		
Conduite malgré une suspension ou une rétention du permis de conduire	2 ans	4 500 €	6 pts	3 ans [1] 3 ans	IC [3] Stage [4] Immobilisation[5] Confiscation [6]
Refus de remettre un permis suspendu ou annulé	2 ans	4 500 €	--	3 ans 3 ans	IC [3] Stage [4] Confiscation [6]
Délit de fuite	2 ans	30 000 €	6 pts	5 ans [1] 3 ans	IC [3] Stage [4] Confiscation [6]
Refus d'obtempérer	3 mois	3 750 €	6 pts	3 ans	--
Mise en danger d'autrui	1 an	15 000 €		5 ans [1] 5 ans	IC [3] Stage [4]

					Immobilisation [5] Confiscation [6]
Récidive d'excès de vitesse ≥ 50 km/h	3 mois	3 750 €	6 pts	3 ans [1]	IC [3] Stage [4] Confiscation [6] Rétention
Commercialisation d'un appareil pouvant déceler ou perturber les radars	2 ans	30 000 €	--	3 ans	Saisie [7]
Commercialisation ou montage par un professionnel d'un kit de débridage d'un cyclomoteur	2 ans	30 000 €	--	5 ans	Saisie[7]
Conduite sans permis	1 an	15 000 €	--	--	IC [3] Stage [4] Immobilisation [5] Confiscation [6]
Usage de fausses plaques d'immatriculation	5 ans	3750 €	6 pts	3 ans	Confiscation [6]
Trafic de points	6 mois/ 1 an	15 000 € 30000 €	--	3 ans[1]	IC [3] Stage [4]

1. La suspension ne peut être assortie d'un sursis, même partiellement, ni être limitée à la conduite en dehors de l'activité professionnelle.
2. L'annulation est de plein droit en cas de récidive, voire définitive sur décision spécialement motivée dans le cas d'un homicide involontaire.
3. Interdiction de conduire certains véhicules, y compris ceux ne nécessitant pas l'obtention d'un titre de conduite, pendant 5 ans au plus (ex. voiturettes).
4. Obligation de suivre un stage de sensibilisation à la sécurité routière
5. Immobilisation du véhicule ayant servi à commettre l'infraction pendant une durée d'un an au plus.
6. Confiscation du véhicule qui a servi à commettre l'infraction.
7. Saisie du dispositif et possibilité pour le juge de prononcer la saisie du véhicule sur lequel le dispositif est placé, adapté ou appliqué.

Contraventions	*Amende*	*Amende Forfaitaire*	*Retrait de Points*	*Suspension*	*Autres peines*
Stationnement interdit	38 €	17 € Majorée 33 €	--	--	--
Arrêt ou stationnement gênant ou abusif	150 €	35 € Majorée 75 €	--	--	Fourrière Immobilisation
Non acquittement d'un péage routier	150 €	35 € Minorée 22 € Majorée 75 €	--	--	--
Usage d'un téléphone tenu en main par le conducteur d'un véhicule en circulation	750 €	135 € Minorée 90 € Majorée 375 €	3 pts	--	--
Placer dans le champ de vision d'un conducteur d'un véhicule en circulation un appareil en fonctionnement doté d'un écran	1500 € [1]	--	3 pts	--	Confiscation de l'appareil
Changement important de direction sans avertissement préalable	150 €	35 € Minorée 22 € Majorée 75 €	3 pts	3 ans	--
Circulation sur bande d'arrêt d'urgence	750 €	135 € Minorée 90 € Majorée 375 €	3 pts	3 ans	--
Circulation d'un véhicule sans dispositifs de freinage conformes	450 €	68 € Minorée 45 € Majorée 180 €	--	--	Immobilisation
Stationnement très gênant	750 €	135 € Majorée 375 €	--	--	Fourrière Immobilisation
Arrêt ou stationnement sur bande centrale d'autoroute	750 €	135 € Majorée 375 €	2 pts	3 ans	Fourrière Immobilisation
Arrêt ou stationnement dangereux	750 €	135 € Majorée 375 €	3 pts	3 ans	Fourrière Immobilisation

Arrêt ou stationnement de nuit ou par visibilité insuffisante sans éclairage	750 €	135 € Majorée 375 €	3 pts	3 ans	--
Mise en circulation d'un véhicule malgré immobilisation	750 €	135 € Minorée 90 € Majorée 375 €	--	--	--
Absence de contrôle technique	750 €	135 € Minorée 90 € Majorée 375 €	--	--	Fourrière Immobilisation
Distribution d'imprimé ou d'objet à des occupants d'un véhicule en circulation	750 €	135 € Minorée 90 € Majorée 375 €	--	--	--
Mise en circulation d'un véhicule sans carte grise	750 €	135 € Minorée 90 € Majorée 375 €	--	--	--
Circulation sans plaques d'immatriculation ou plaques illisibles	750 €	135 € Minorée 90 € Majorée 375 €	--	--	Immobilisation
Circulation avec pneumatique détérioré	750 €	135 € Minorée 90 € Majorée 375 €	--	--	Immobilisation
Conduite en dehors de la chaussée	750 €	135 € Minorée 90 € Majorée 375 €	--	--	--
Conduite sur voie réservée à certains véhicules	750 €	135 € Minorée 90 € Majorée 375 €	--	--	--
Défaut de maîtrise de la vitesse	750 €	135 € Minorée 90 € Majorée 375 €	--	--	--
Refus de serrer à droite par le conducteur sur le point d'être dépassé	750 €	135 € Minorée 90 € Majorée 375 €	--	--	--
Accélération par le conducteur sur le point d'être dépassé	750 €	135 € Minorée 90 € Majorée 375 €	2 pts	3 ans	--
Défaut de port de casque	750 €	135 € Minorée 90 € Majorée 375 €	3 pts	--	Immobilisation

Défaut de port de ceinture de sécurité	750 €	135 € Minorée 90 € Majorée 375 €	3 pts	--	--
Non suivi de formation par un conducteur novice auteur d'une infraction	750 €	135 € Minorée 90 € Majorée 375 €	--	3 ans	--
Chevauchement de ligne continue	750 €	135 € Minorée 90 € Majorée 375 €	1 pt	3 ans	--
Franchissement de ligne continue	750 €	135 € Minorée 90 € Majorée 375 €	3 pts	3 ans	--
Circulation sur bande centrale d'autoroute	750 €	135 € Minorée 90 € Majorée 375 €	2 pts	3 ans	Fourrière Immobilisation
Chevauchement ou franchissement d'une bande d'arrêt d'urgence	750 €	135 € Minorée 90 € Majorée 375 €	1 pt	3 ans	--
Violation des règles de circulation inter-files	750 €	135 € Minorée 90 € Majorée 375 €	3 pts	3 ans	--
Dépassement dangereux	750 €	135 € Minorée 90 € Majorée 375 €	3 pts	3 ans	--
Circulation à gauche sur la chaussée à double sens	750 €	135 € Minorée 90 € Majorée 375 €	3 pts	3 ans	--
Non respect des distances de sécurité	750 €	135 € Minorée 90 € Majorée 375 €	3 pts	3 ans	--
Circulation de nuit ou par visibilité insuffisante sans éclairage	750 €	135 € Minorée 90 € Majorée 375 €	4 pts	3 ans	--
Exécution d'une marche arrière ou d'un demi-tour sur autoroute	750 €	135 € Minorée 90 € Majorée 375 €	4 pts	3 ans	--
Circulation en sens interdit	750 €	135 € Minorée 90 € Majorée 375 €	4 pts	3 ans	--
Refus de priorité	750 €	135 € Minorée 90 € Majorée 375 €	4 pts	3 ans	--

Non-respect d'un stop ou d'un feu rouge	750 €	135 € Minorée 90 € Majorée 375 €	4 pts	3 ans	--
Manœuvre acrobatique ou non conforme aux conditions normales d'utilisation d'un véhicule sur voie ouverte à la circulation	450 €		2pts	3 ans	Stage
Excès de vitesse ≥ 5 km/h et inférieur à 20 km/h si vitesse maximale autorisée > 50 km/h	450 €	68 € Minorée 45 € Majorée 180 €	1 pt	--	--
Excès de vitesse ≥ 5 km/h et inférieur à 20 km/h si vitesse maximale autorisée ≤ 50 km/h	750 €	135 € Minorée 90 € Majorée 375 €	1 pt		
Excès de vitesse ≥ 20 km/h et < 30 km/h	750 €	135 € Minorée 90 € Majorée 375 €	2 pts	--	--
Excès de vitesse ≥ 30 km/h et < 40 km/h	750 €	135 € Minorée 90 € Majorée 375 €	3 pts	3 ans	IC [2] Stage [3]
Excès de vitesse ≥ 40 km/h et < 50 km/h	750 €	135 € Minorée 90 € Majorée 375 €	4 pts	3 ans	IC [2] Stage [3] Rétention
Excès de vitesse ≥ 50 km/h	1 500 €	--	6 pts	3 ans [6]	IC [2] Stage [3] Confiscation Rétention
Conduite en état alcoolique (≥ 0,5 g/l et < 0,8 g/l)	750 €	135 € Minorée 90 € Majorée 375 €	6 pts	3 ans	Immobilisation
Circulation de véhicule sur une barrière de dégel	1 500 € [1]	--	--	3 ans	Immobilisation

Circulation sans assurance	1 500 €[1]	--	--	3 ans	Immobilisation
Blessures involontaires sans ITT par manquement délibéré à 1 obligation de sécurité	1 500 €	--	--	3 ans	IC [2] Stage [3] Confiscation [4] TIG [5]
Transport, détention, usage d'appareil destiné à déceler ou perturber les radars	1 500 €	--	6 pts	3 ans	Saisie [7]
Non port d'un équipement rétroréfléchissant pour le conducteur de certaines motocyclettes ou tricycles	450 €	68 € Minorée 45 € Majorée 180 €	2 pts	--	--
Circulation sur une route ou sur tout ou partie d'une chaussée fermée temporairement	750 €	135 € Minorée 90 € Majorée 375 €	3 pts	3 ans	
Non-respect de l'obligation de céder le passage au piéton s'engageant régulièrement dans la traversée d'une chaussée ou manifestant clairement l'intention de traverser	750 €	135 € Minorée 90 € Majorée 375 €	6 pts	3 ans	--
Non-respect de l'obligation de céder le passage au piéton circulant dans une zone piétonne ou une zone de rencontre	750 €	135 € Minorée 90 € Majorée 375 €	6 pts	3 ans	--
Non-respect de la priorité de passage du matériel circulant sur la voie ferrée	750 €	135 € Minorée 90 € Majorée 375 €	4 pts	3 ans	IC[2] Stage[3] Immobilisation
S'engager sur une voie ferré en risquant	750 €	135 € Minorée 90 €	4 pts	3 ans	IC[2] Stage[3]

de rester immobilisé sur la voie		Majorée 375 €			Immobilisation
S'engager lorsque les barrières du passage à niveau sont fermées ou en cours de fermeture	750 €	135 € Minorée 90 € Majorée 375 €	4 pts	3 ans	IC[2] Stage[3] Immobilisation
Ne pas dégager immédiatement la voie ferrée à l'approche d'un train	750 €	135 € Minorée 90 € Majorée 375 €	4 pts	3 ans	IC[2] Stage[3] Immobilisation

1. En cas de récidive, l'amende est de 3000 € maximum
2. Interdiction de conduire certains véhicules, y compris ceux ne nécessitant pas l'obtention d'un titre de conduite, pendant 3 ans au plus (ex. voiturettes).
3. Obligation de suivre un stage de sensibilisation à la sécurité routière
4. Confiscation du véhicule qui a servi à commettre l'infraction
5. Travail d'intérêt général pour une durée de vingt à cent vingt heures
6. La suspension ne peut être assortie d'un sursis ou limitée à la conduite en dehors de l'activité professionnelle
7. Saisie de l'appareil et possibilité, en outre, pour le juge, de prononcer la saisie du véhicule.

Montant des contraventions

Classe*	Amende forfaitaire minorée	Amende forfaitaire	Amende forfaitaire majorée
1re classe 38 €	-	11 €**	33 €
2e classe 150 €	22 €	35 €	75 €
3e classe 450 €	45 €	68 €	180 €
4e classe 750 €	90 €	135 €	375 €
5e classe 1500 €	3000 € (en cas de récidive prévue par les textes)		

* Montant maximum encouru en cas de comparution devant un juge

** 17 € pour les contraventions d'arrêt et de stationnement

Table des matières

2

3

Collection La Justice au quotidien
fondée et dirigée par Jean-Paul Céré

*La collection **LA JUSTICE AU QUOTIDIEN** a pour objectif de rendre le droit accessible à tous, aux professionnels comme aux particuliers. Elle se destine à la publication d'ouvrages, rédigés par des spécialistes reconnus, permettant de présenter de manière fonctionnelle et complète le système de justice actuel et de proposer des solutions aux problèmes juridiques de la vie courante.*

Dans la même collection :

2. **Le droit de l'affichage** (P. Zavoli)
3. **La médiation pénale** (P. Mbanzoulou)
4. **La responsabilité des constructeurs** (S. Bertolaso et E. Ménard)
5. **Le contrôle fiscal des particuliers** (E. Péchillon)
6. **Les référés d'urgence devant le juge administratif** (J. Gourdou et A. Bourrel)
7. **La responsabilité des services de police et de secours** (X. Latour)
8. **Le procureur de la République** (J.C. Dintilhac)
9. **Les surveillants de prison** (J.C. Froment)
10. **Le droit des peines** (G. Lorho et P. Pélissier)
11. **Les droits des mères. Vol. 1** (S. Gamelin-Lavois et M. Herzog-Evans)
12. **Les droits des mères. Vol. 2** (S. Gamelin-Lavois et M. Herzog-Evans)
13. **L'expropriation pour cause d'utilité publique** (G. Ganez-Lopez)
14. **Le droit de grève** (F. Chopin)
15. **Les PV de stationnement** (J.P. Céré)
16. **Les droits de l'acquéreur d'un bien immobilier** (F. Cohey-Cordey)
17. **Election et modes de scrutins** (B. Pauvert)
18. **Les locations en meublée** (J. Cayron)
19. **Le placement sous surveillance électronique** (Ch. Cardet)
20. **Le droit des associations** (K. Rodriguez)
21. **La réglementation du travail des chauffeurs routiers** (S. Carré)
22. **La concurrence déloyale** (A. Lecourt)
23. **Les procès devant le tribunal d'instance** (Ph. Flores)
24. **Les saisies immobilières** (Ph. Soustelle)
25. **Les pensions alimentaires** (M. Rebourg)
26. **Les sanctions en droit des assurances** (J.C. Ponge)
27. **Les prisons en Europe** (S. Snaken et F. Dünkel)
28. **Le secret professionnel** (B. Py)
29. **La garde à vue** (S. Bourretz)
30. **Paroles d'enfants, paroles de juges** (M. Redon)
31. **La lutte contre le blanchiment d'argent** (J. Lasserre Capdeville)
32. **Droit de la chasse et de la protection de la faune sauvage** (M. Redon)
33. **Les assemblées de copropriétaires** (J.P. Céré et F. Cohey-Cordey)
34. **Les procès devant le tribunal administratif** (J.N. Caubet-Hillloutou)
35. **Le bail d'habitation. Les droits des locataires** (C. Coutant-Lapalus)
36. **Le droit de la filiation** (V. Bonnet)
37. **Allaitement et droit** (M. Herzog-Evans)

38. Manuel d'obstétrique à l'usage des professionnels du droit (J. Marchowitch)
39. Les très longues peines de prison (P. Pédron et Y. Laurens)
40. Au Palais de justice de Paris (J. Stark)
41. Droit et hospitalisation psychiatrique sous contrainte (J. Stark, C. Maugey)
42. L'évasion (M. Herzog-Evans)
43. Droits et devoirs du fœtus viable (J. Marchowitch)
44. Les secrets d'un divorce réussi (A. Dalbin)
45. Déclaration pour la protection juridique de l'environnement
(L. Neyret et M. Reboul-Maupin)
46. Justice, Avocats, Litiges. Mode d'emploi (A. Beauvois)
47. Environnement et médiation pénale (E. Maurel)
48. La question prioritaire de constitutionnalité (Ph. Belloir)
49. Juré d'assises (P.M. Abadie)
50. La sexualité à l'épreuve du couple (A. Dalbin)
51. Quartier femmes. Ecrou 10970 (D. Boh-Petit)
52. Le quartier des indigents. Ecrou 21288 (D. Boh-Petit)
53. Le procès Ranucci (G. Donadini)
54. Ce qu'enfermer veut dire (N. Taïbi)

Structures éditoriales du groupe L'Harmattan

L'Harmattan Italie
Via degli Artisti, 15
10124 Torino
harmattan.italia@gmail.com

L'Harmattan Hongrie
Kossuth l. u. 14-16.
1053 Budapest
harmattan@harmattan.hu

L'Harmattan Sénégal
10 VDN SICAP AMITIE 3
BP 45034 Dakar-Fann
direction@senharmattan.com

L'Harmattan Cameroun
Tsinga/Derrière polyclinique FECAFOOT
BP 11486 Yaoundé
Jacques.koukam@harmattan.fr

L'Harmattan Burkina Faso
Villa 281, secteur 23 623, rue 14.32
Ouagadougou
zagbie@outlook.fr

L'Harmattan Guinée
Almamya, rue KA 028 OKB Agency
BP 3470 Conakry
harmattanguinee@yahoo.fr

L'Harmattan RDC
185, avenue Nyangwe
Commune de Lingwala – Kinshasa
matangilamusadila@yahoo.fr

L'Harmattan Congo
219, avenue Nelson Mandela
BP 2874 Brazzaville
deunovmikhael@gmail.com

L'Harmattan Mali
Immeuble Mgr Jean Marie Cissé
Aci Hamadallaye
BP 145 Bamako
syllaka@yahoo.fr

L'Harmattan Togo
Djidjole – Maison Amela
face EPP BATOME
02 BP 20680 Lomé
didieramela11@gmail.com

L'Harmattan Côte d'Ivoire
Résidence Karl – Cité des Arts
Abidjan-Cocody
03 BP 1588 Abidjan
harmattan.ivoire@gmail.com

L'Harmattan Bénin
Rue 604, (Immeuble à l'entrée
de la rue UCAO- Cite de Saint-Jean)
Cotonou
stepcorpus@gmail.com

Nos librairies en France

Librairie internationale
16, rue des Écoles
75005 Paris
librairie.internationale@harmattan.fr
01 40 46 79 11
www.librairieharmattan.com

Librairie des savoirs
21, rue des Écoles
75005 Paris
librairie.sh@harmattan.fr
01 46 34 13 71
www.librairieharmattansh.com

www.ingramcontent.com/pod-product-compliance
Lightning Source LLC
LaVergne TN
LVHW021223061026
849535LV00008B/2892